JN438621

산밭에 핀
도라지꽃

산밭에 핀
도라지꽃

강흥구 수필집

수필과비평사

독자께 올리는 편지

《산밭에 핀 도라지꽃》을 찾아주신 여러분, 어서 오세요. 반갑습니다. 그리고 환영합니다. 농부가 밭에 씨앗을 뿌리는 마음으로 저의 글밭에 한자 한자 씨를 심었습니다. 물과 퇴비와 영양제를 주면서 가꾸었습니다. 이제 그 결실을 맺으려고 합니다. 수확의 기쁨을 담는 마음으로 책 한 권에 그간의 노력을 담았습니다. 나의 책은 소중한 나만의 창고입니다. 주변에 계신 많은 분들의 도움이 있었기에 가능했던 성과입니다. 감사드립니다.

수필은 쓰는 것이 아니라 이야기를 담는 것이라 생각해 왔습니다. 우리들의 살아온 이야기, 살고 있는 이야기, 앞으로 살아갈 모든 대상들과 나누었던, 나누고자 하는 이야기들을 담아내는 생활 속의 글이라 생각합니다. 그 안에서 세상과 소통하는 방법을 터득하고, 자연과 하나 되어 나 스스로가 자연이 되어, 이야기 속의 주인공이 되어가고 있습니다. 자연 속에서 자연을 알아가고 대화를 통해 그들의 우리들에게 전달하는 전달자가 되어가고 있습니다. 나의 글 속에서 나를 발견하고, 알아가는 단계에 이르렀습니다. 더욱 노력하고 열심히 공부하여, 누구나 찾아와 즐길 수 있는 아름다운 수필의 숲, 수필의 정원을 가꾸어 나아가겠습니다.

두 손가락으로 도라지꽃망울을 살짝 누르면 '톡' 하고 터집니다. 그게 재미있어서 계속 터트리며 놀았습니다. 입이 심심할 땐 과자를 대신해 벽에 붙여놓았던 껌을 떼어 다시 씹었습니다. 비록 단물은 빠졌어도 씹는 재미로 '딱딱'거리며 씹었습니다. 장난감 로봇과 공룡이 없던 어린 시절, 시골의 아이들은 그런 것들을 즐기며 성장했습니다. 이제 도라지꽃망울을 터트리는 마음으로 《산밭에 핀 도라지꽃》을 살짝 눌러 터트려 주세요.

함께 걸어갈 인생길을 아름답게 가꾸어보지 않으시렵니까? 앞서거니 뒤서거니 서로 끌어주고 밀어주고 함께 걸어갔으면 하는 바람입니다.

감사합니다.

2020년 8월

강흥구

목차

1.

귀농 귀촌

2.

인생을 담은 책

3.

사라져가는 별

4.

액자 속 풍경화

5.

해를 등진 해바라기

6.

떨켜

1. 귀농 귀촌

춘화 | 귀농 귀촌 | 고구마 | 모심는 마음
농부의 사계 | 약속 | 편식 | 막걸리 | 전도사

춘화春花

기온이 영하로 내려가고 많은 눈이 내린다. 따뜻한 거실에 앉아 커피를 마시며 시시때때로 변하는 창밖의 그림을 감상한다. 앙상했던 나뭇가지에 하얀 크레파스가 칠해진다. 도로 위에 지붕 위에도 하얗게 칠해진다. 겨울을 싫어했던 내게 변화를 가져온 건 이와 같은 아름다움을 발견했기 때문이다.

사람들은 대부분 겨울을 싫어한다. 눈과 동장군의 기세로 생활이 불편하기 때문이다. 봄, 여름, 가을엔 꽃과 풍족한 먹거리가 있다. 새싹이 돋아나고 꽃이 피고 열매를 맺고 영글어간다. 생동하는 신비로움을 준다. 그러나 겨울엔 이 모든 것들이 잠들어 변화를 느낄 수 없기 때문에 그러하다.

겨울이 되면 모두 사그라진다. 낙엽진 앙상한 가지만 찬바람에 떨고 있다. 쓸쓸하다. 텅 빈 대지 위에 눈이 하얗게 덮이면 겨울은 다시 살아난다. 먹이 활동에 나선 조수들이 분주히 움직인다. 모든 것들을 쉬게 만들고 각가지 장면을 연출한다.

겨울은 조용하다. 모든 것을 덮어 잠재우고 얼려 버린다. 호수와 강물을 얼려 휴식을 준다. 봄, 여름, 가을 쉼 없이 흐르던 냇물에 휴가를 주고 여행을 보낸다. 동면하는 개구리에 커튼을 쳐준다.

모두 잠자는 건 아니다. 겨울에도 자라는 것이 있다. 눈 덮인 지붕에서 녹아내리는 눈물이 자라난다. 겨울의 상징 고드름이다. 어린 시절에는 따서 먹기도 하고 칼싸움도 즐겼다. 햇빛을 받아 영롱한 빛을 발하는 고드름을 바라보면, 신비롭고, 수억 년의 세월을 지닌 종유석처럼 보인다.

축적된 영양소를 품고 있다 봄을 준비하는 생명체에 에너지를 공급한다. 출산을 앞둔 임산부처럼 애지중지 품안에 품고 있던 영양소를 내보낸다. 생명을 탄생하게 하고 성장시키는 엄마젖 같은 겨울이다. 겨우내 엄마의 품처럼 포근하게 품고 있다 봄이 오면 겨울 밖으로 올려 보낸다.

씨앗의 발아나 꽃눈 형성은 겨울을 거쳐야 한다. 자연적 춘화현상이다. 춘화처리를 해 주어야만 씨앗이나 싹 발육에 변화를 주어 꽃이 피고 열매를 맺게 한다. 그 중요한 역할을 겨울이

해준다.

춘화현상이라는 겨울의 아름다움을 알게 되어 나는 어느 날부터 겨울을 좋아하게 되었다. 겨울은 쉬는 것이 아니고 새로운 시작의 준비과정이고 출발점이다. 제2의 인생을 준비하는 사람들처럼 겨울은 또 다른 시작의 시점인 것이다. 이제 나도 겨울처럼 시작을 준비하며 끊임없이 노력하고 생각하며 다음을 준비해야겠다.

봄은 여름을 준비해준다. 씨앗을 파종하고 싹을 돋아나게 한다. 여름은 이를 받아 가을을 준비한다. 연약한 가지와 열매를 성숙시킨다. 튼튼하게 키워 가을로 넘겨준다. 가을은 이들을 성숙시켜 다음해에 파종할 수 있도록 씨종자로 만든다. 그런 다음 다음해의 준비과정을 겨울에 넘긴다. 화려한 공연도 무대를 준비하는 이들이 있기에 성황리에 개최된다.

혹독한 찬바람은 지난 세월 속의 나를 돌아보게 한다. 아름답고 행복했던 순간들과 고통 속에 힘들어 했던 시간 속의 나날들을 재조명한다. 그 모든 것들이 바탕이 되어주고 그 바탕을 딛고 또 다른 시작을 준비한다. 그 근본이 눈 덮인 대지다. 무한한 명작을 탄생시킬 수 있는 저력을 지닌 겨울 대지다. 대지 위에 명작을 탄생시키려고 새로운 모습으로 변모해 간다. 오늘도 내일도.

(충청매일. 2. 21.)

귀농 귀촌

새벽을 가르며 시골 밭으로 달려간다. 어둠을 헤치고 솟구치는 태양을 향해 달려간다. 새벽에 내린 이슬을 머금고 반겨주는 밭에 도착하면 어둠이 뒷걸음치고 사라진다. 며칠 만에 다시 찾아온 밭에는 잡초들로 무성하다. 심어 가꾼 작물들은 잡초에 가려 보이질 않는다. 고개 길게 빼고 작물 위에서 이슬을 받아먹고 잡초들만 자란다.

한 세대만큼이나 긴 세월을 정들였던 직장을 퇴직하고 자유인 신분으로 돌아왔다. 아침에 일어나면 무엇을 어떻게 해야 할지 막막했다. 그래서 대부분 주말농장이나 텃밭을 가꾸기 시작한다. 소규모 농사일이라 즐기며 이것저것 심고 가꾸며 시간을 보낸다. 조금씩 자신감이 생기고 결국 고향 묵밭도 손대기 시작한다.

나의 경우도 그랬다. 결국 시골 땅 전체를 겁 없이 손대기 시작했다. 각종 채소를 종류별로 다 심고 몸에 이롭다는 약초도 구해서 심었다. 날이 가물면 물을 주고 비가 많이 내리면 배수로도 정비했다. 그러다 보면 밭고랑에 잡초가 뿌리내리기 시작하고 금세 자란 잡초는 작물을 덮어버린다. 뽑아도 줄지 않고 날은 덥고 흘린 땀에 옷이 축축이 젖어 금세 지쳐버린다. 지친 몸을 이끌고 집으로 돌아온다.

청주에서 영동까지 먼 길을 오고가며 일을 하다 보니 농작물 관리가 제대로 되지 않고 잡초 관리도 안 된다. 힘들게 일하고 집에 오면 온몸이 나른하여 씻고 곧 잠이 든다. 그런 날은 꿈속에서도 풀을 맨다.

귀농은 하지만 귀촌은 싫다. 오고가기 힘은 들지만 아예 시골로 이주를 하는 건 싫다. 농사일 외에 다른 문화 혜택을 받을 수 없기 때문이다. 계속 일만 하고 지낼 수는 없다. 벌레와도 싸워야 하고 짜증나고 심심하다. 영화관람, 대형마트 쇼핑, 친구들과의 소통, 계모임 후 식사와 노래방찻집 등 아무것도 누릴 수가 없기 때문에 귀촌을 할 생각은 전혀 없다.

그래서 선택한 것이 농막 설치였다. 일을 하다 쉴 공간이 필요했기 때문이다. 간단히 식사도 준비해서 먹을 수 있고 간혹

늦게까지 일을 해야 할 때는 잠도 자고 다음날 새벽에 작업하고 하니 능률이 배가 된다.

쉽게 생각하고 시작한 농사가 이렇듯 어렵고 힘들다. 그래도 수확할 때는 보람을 느낀다. 힘들여 일할 땐 아무도 나눠주지 않겠다고 다짐한다. 수확을 하고 나면 여기도 주고 싶고 저기도 주고 싶고 모두 나누어준다. 나누는 것이 기쁨이고 즐거움이다.

농사를 쉽게 생각하고 대들면 안 된다. 철저한 계획과 지식을 갖추고 시작해야 한다. 옛말에 '할 것 없으면 농사나 짓자.'라고 했다. 무턱대고 준비 없이 시작하면 반드시 후회하게 된다. 잡초와의 싸움에서 이길 자신이 있으면 시작해 봐도 좋을 듯하다. 쉽게 생각하고 시작했던 나의 경우도 많은 시행착오를 거쳤고 이제 조금씩 방법을 터득해 나가는 중이다.

농사는 하늘과 주변 환경의 도움 없이는 지을 수 없다는 것을 깨달았다. 잘 자라다 가뭄 피해를 입고 홍수 피해를 입는다. 병충해 방제도 중요하지만 멧돼지 고라니 새들의 피해가 더 크다. 고구마, 수수, 옥수수 농사 잘 짓고 하루아침에 먹이가 되어 날아간다. 유해 조수의 피해가 가장 심각하다. 먹이 주었다고 생각하라 하는데 그러기엔 그간의 들인 공이 너무 아깝다.

이제는 알 것 같다. 밥상에 올린 음식들이 왜 맛이 있는지. 고생하며 노력한 땀의 결실이 차려졌기 때문이라는 것을. 귀농 귀촌 서두르지 말고 철저히 준비하고 시작했으면 하는 바람이다.

얼마 전까지는 부모님께서 나누어 주시던 것들을 당연한 것처럼 가져다 먹기만 했었다. 이제는 우리가 나누어 준다. 비로소 부모님의 힘들고 감사했던 마음을 헤아릴 수 있게 되었다.

(충청매일. 2018. 3. 21.)

고구마

아침을 이슬로 배부르게 먹고 후식으로 달콤한 새소리를 마신다. 고구마의 하루가 시작된다.

흰눈이 펑펑 쏟아지는 날 창밖을 응시하며 앉아 세월을 먹는다. 지독히 가난에 쪼들리던 시절 허기진 배를 움켜잡고 한입 베어 먹고 동치미 국물 한 모금 마시던 그때를 생각하며 고구마의 추억을 되새긴다. 동치미를 대신하여 따스한 차 한 잔과 흘러온 세월을 먹고 있다. 추억을 먹는다.

주문한 고구마 싹이 도착했다. 차에 싣고 아내와 함께 밭으로 갔다. 이랑에 비닐을 덮고 싹을 심기 시작했다. 아내는 막대를 사용하여 싹을 꽂아 놓고 나는 포기마다 물을 준다.

더위에 땀이 쭈르륵 흐른다. 다 심고 바라보니 제법 푸릇푸릇한 밭이 아름답다. 황량하기만 했던 밭이 푸른빛이 감싸주니 생명감이 살아난다. 이제 심어 주었으니 자라서 고구마를 맺는 일은 너희들 몫이다 하며 집에 돌아왔다.

얼마의 시간이 흐르고 밭이 궁금하여 가보았다. 활착이 잘 되어 제법 자라 있었다. 입과 줄기가 뿌리의 양분을 받아 잘 자라고 있다. 이 시기엔 뿌리에서 양분을 올려준다. 그러다 어느 정도 성장하면 고구마가 달리고 이때부터는 잎이 동화작용을 하여 양분을 고구마로 내려준다. 가뭄이 들면 새벽에 내리는 이슬로 근근이 버텨나가며 힘들게 자란다.

땅속의 고구마는 잎의 어려움을 알지 못하고 시원한 땅속에서 잘 먹으며 둥글둥글 자란다. 이솝우화의 개미와 베짱이를 생각나게 한다. 고구마와 줄기가 서로 다른 생각을 가지고 자라간다. 그래도 고구마가 성장하며 맛을 들일 때쯤이면 예쁜 꽃도 피운다.

가을이 되어 잎은 서리를 맞아 사그라지면 줄기를 자르고 고구마를 캔다. 예쁜 고구마가 불거져 나온다. 고구마는 처음 마주하는 해를 보며 따갑고 눈부시다 투정한다. 금세 햇볕에 그을린다. 이제야 잎의 여름나기를 조금 이해하는 듯하다. 햇볕에 수분을 증발시키고 저장고로 운반되어 후숙에 들어간다. 반성의 시간을 갖는다.

잎이 사라진 고구마는 늦게까지 홀로 남겨져 즐길 거리를 제공해주고 있다. 잎이 뜨거운 여름날을 고생하며 키워줄 때 고마움을 모르고 땅속에서 유유자적하며 지내던 대가를 추운 겨울까지 홀로 남아 먹거리를 제공해주고 있다.

겨울밤 고구마를 먹으면 생각나는 친구가 있다. 집이 가난하고 학교로부터 멀리 떨어져 있어, 아침을 먹지 못하고 뛰어와 수업시간에 고구마를 먹다 선생님께 발각되어, 먹던 고구마를 입에 물고 침을 줄줄 흘리며 벌을 받던 친구다. 그런 잊혀가는 시간을 되돌려주는 고구마다.

나를 도와 고생하는 가족이다. 함께하는 친척과 이웃을 느끼며 살아야 한다. 고구마와 줄기가 달리 생각하고 살아가듯, 내가 잘나 성공하고 잘살고 있다는 생각을 하기 전에 나의 존재를 확인할 수 있도록 함께해준 사람들의 고마움을 먼저 깨달아야 한다. 독불장군은 없다. 서로 돕고 협력하는 자세가 갖추어야 한다. 고구마에게 배려를 일깨워 주어야 하겠다. 어려울 때 나만 아니면 되지 하는 생각을 버리고 함께 극복하는 동료애를 가져야 하겠다.

모심는 마음

텅 비어있던 들판이 파랗게 변해가고 있다. 이앙기가 지나갈 때마다 새로운 세상을 만든다. 자를 대고 선을 그리듯 반듯하게 심어간다. 몇 바퀴를 돌고 나니 어느덧 큰 논 한 배미를 다 심고 나온다. 봄부터 정성으로 키워낸 모를 논에 내다 심는 것이다. 차례로 심어나가다 보니 어느새 들판이 파랗게 변하여 산과 들의 구분이 사라진다. 농부의 정성으로 심고 사랑으로 키워 나갈 것이다. 멀리 가을의 황금 들녘을 내다보며 모를 심는다.

옛날엔 손으로 모를 심었다. 이웃과 품앗이로 서로 심어주었다. 순번을 정해놓고 오늘은 우리 것, 내일은 영철이네 것, 모레는 동훈이네 것 차례로 도와가며 심어주었다. 새벽밥을 먹고 못자리에 모여 모를 쪄서 써레질이 끝난 논에 던져 넣고 못줄을 띄워 정방형, 장방형으로 심었다. 광주리에 새참을 이고 나올 무렵이면 어느새 논 한쪽이 파랗게 변해 있다. 변치 않는 우리 고유의 전통 방식이다.

새참은 삶은 국수에 열무김치, 콩조림, 목을 적셔주는 막걸리 한 사발이다. 며칠째 계속되는 모내기로 몸은 지쳐가지만 시원한 막걸리 한잔으로 싹 가셔버린다. 또 새로운 마음으로 정성을 심을 수 있게 된다. 새참으로 배불리고 목을 축이고 다시 기운 내어 모심는 손은 한결 가벼워지고 노랫가락도 나온다. 모를 심으며 풍년가를 불러본다. 한 민족의 얼이 담긴 구수한 농요와 함께 모심기는 계속된다. 이렇게 정겨움이 깃들었던 모내기와는 달리 요즈음의 모내기는 간편하다. 모판에 씨앗을 파종하여 상자에서 모를 길러 이앙기로 쉽게 심는다. 농지 정리도 잘 되어 있어 하루에 몇 십 마지기씩을 심는다.

농촌에는 사람이 없는 현실이다. 노인들만 살고 있고 젊은 사람이 없다. 그래서 일손이 크게 부족하다. 기계화 영농이 되었기에 다행이지 옛날처럼 수작업으로 농사를 짓는다면 일손이 부족하여 농사를 포기해야 하는 실정이다. 그러나 우리 주식인 쌀은 변하지 않고 자리를 지키고 있다. 프렌차이즈 식품이 발달하여 우리 식단을 파고 들어도 하얀 쌀밥은 먹어야 한다. 빵과 햄버거, 피자, 치킨이 주식이 될 수는 없기 때문이다. 일손이 부족하면 모든 작업은 기계가 책임지고 다 맡아서 하면 된다.

농부의 한 해는 모내기로부터 시작된다. 들판에 심겨진 모는 가을 추수 때까지 농부의 마음을 먹고 산다. 가뭄이 들면 밤을 지새며 물을 끌어들이고, 장마철이 되면 물꼬를 터놓고 다니느라 비와 땀이 범벅이 된다. 태풍에 쓰러질까 마음 졸이고 애태운다. 이삭이 영글어 추수하는 날까지 마음 편할 날이 없다. 해도 해도 끝이 없는 농부의 일손 시름을 덜 날이 없다. 그렇게 쏟아 부은 정성을 결실로 거두어들일 때까지 마음은 편하지가 않을 것이다.

농부는 어머니의 마음으로 농작물을 가꾼다. 자손보다 더 애지중지하고 사랑을 베푼다. 햇볕은 잘 받고 자라는지, 병은 들지 않았는지, 해충은 발생하지 않았는지, 지극 정성으로 보살핀다. 성장을 저해하는 잡초도 뽑아주고, 부족한 영양소도 보충해 준다. 이른 새벽 동트기 전부터 해가 서산 너머로 사라질 때까지 함께 숨 쉬며 생활한다. 씨 뿌리고 수확할 때까지 온갖 정성을 쏟아 부으며 돌보고 기다린다. 내 몸 아프고 고달픈 건 아랑곳하지 않고 오직 농작물만 바라보며 보살피고 가꾸어 나간다.

농부는 생명이 다하는 그날까지 모심는 마음으로 우리 고유의 전통을 지켜 나간다. 새 생명체를 돌보듯 모를 심고 정성껏 가꾸어 나간다. 한 민족을 자랑하던 우리 민족의 전통은 사라졌다. 밭작물 또한 밀과 보리에서 여러 종류의 약용 식물과 과일로 바뀌었다. 늦은 봄 들판을 황금빛 물결로 출렁이게 했던 풍경은 사라져 버렸다. 이제 논에 우리 고유의 식량인 쌀을 지키기 위해 오늘도 모를 심는다. 모를 심는 마음은 우리 고유의 정통성을 이어가는 맥과도 같은 것이다.

(2014. 06. 02.)

농부의 사계

이슬을 말리는 따가운 태양 아래 밭을 가꾼다. 갈아엎고 다듬고 씨앗을 파종하여 영글게 한다. 그 결실은 식탁 위에 향긋한 밥과 맛깔스러운 반찬으로 올린다.

따스하게 데워진 대지를 식혀주는 밤이 오면 작은 불빛 아래서 노트 위에 쓰고 지우고 글을 심는다. 잘 익은 글은 아름답게 차려져 서재 위에 올린다.

어둠의 막이 걷히면 밝은 아침이 찾아온다. 뜨거워지기 전에 밭에 나가 일을 시작한다. 퇴비를 뿌리고 관리기로 로터리 치고 이랑을 설치한다. 이랑 위에 비닐을 피복하고 씨앗을 파종한다. 빗물과 햇빛의 조화로움을 받고 각종 곡식과 채소들이 밭을 가득 채운다. 만선이다.

암막이 쳐진다. 천지사방이 깜깜하다. 나만의 글밭으로 들어가 노트를 펼쳐들고 그 위에 볼펜으로 이것저것 심고 가꾼다. 어둠이 깊어질수록 글밭은 예쁜 글들로 가득 찬다.

다시 막이 올라가면 아침이슬로 축축해진 밭에 나가 잡초를 뽑아주고 그들과 대화하며 또 다른 시작을 연다. 세수도 시켜주고 갖가지 화장으로 예쁘게 치장을 해준다. 등을 간지럽히는 벌레를 잡아주고 목말라 하면 물을 주고 나도 함께 마신다. 힘겨워하는 아이들과 바람에 위태롭게 흔들리는 녀석들은 지주목을 설치하고 단단히 묶어준다.

막이 내려진다. 글방으로 걸음한다. 글방에서 무럭무럭 자라나는 생명들을 고치고 다듬고 돌보아준다. 영양이 부족하다 싶으면 아름다운 언어를 처방하고 꼬막에 새겨진 주름처럼 골이 파인 녀석들은 다림질하여 바르게 펴주고 밤새 갈고 닦아준다. 서슬이 새파래질 때까지 갈고 또 갈아준다. 글에도 사랑을 불어 넣어준다. 주는 사랑은 애절하지만 받는 사랑은 행복일 것이다. 글은 점점 맛깔나게 성숙한다.

수확이다. 잘 영근 곡식들을 수확하여 곡간을 가득 채운다. 든든하다. 얼어붙은 대지 위에 눈이 덮여도 문제될 게 하나 없다. 창고가 비워질 무렵이면 다시 채워질 곡식들이 대기하고 기다린다.

완성이다. 글밭에 잘 익은 글 한 편이 가득 차 있다. 이제 수확하여 채우기만 하면 된다. 어려움을 견뎌내고 완성된 작품이다.

농부의 겨울은 따뜻하다. 따뜻한 안방에서 화롯불에 고구마 구워 먹으며 책을 읽는다. 봄, 여름, 가을에 심고 거두어들인 곡식을 먹으며 책을 읽고 즐긴다. 이런 과정을 농부는 예술로 승화시킨다.

농업도 예술이다. 농부의 손은 예술을 창출한다. 황무지에 생명을 불어넣고 움트고 자라게 하여 꽃을 피우고 열매를 매달게 한다. 논과 밭이라는 도화지 위에 봄, 여름, 가을, 겨울을 그려낸다. 화폭에 그려진 그림이 계절을 나타내고 각기 다른 그림으로 그려낸다. 봄에 밑그림을 그리고 여름에 채색하여 가을에 울긋불긋 완성되면 겨울에 집안을 가득 장식한다.

이렇게 농부의 사계는 정신없이 돌고 있다. 어지럽지 않게 즐거움으로 돌고 있다. 오늘은 오늘만큼만 내일은 내일만큼만 조금씩 가꾸어가고 있다.

이제 다시 시작된 인생이다. 지나온 과거는 잊고 새 인생에서 새롭게 선택한 농부의 길을 걸으며 또 새롭게 시작한 글밭도 열심히 가꾸어 보겠다. 내가 선택한 길인만큼 어느 누구보다 멋있고 아름답게 완성해 보겠다. 지금까지 내 삶은 시작에 불과했다. 이제부터는 그 결실을 맛보아야 하겠다.

(2018. 10. 30.)

약속

오늘 다방에서 그녀를 만나기로 했다. 설레는 가슴을 억누르며 바쁘게 준비하고 약속 장소로 나갔다. 잠시 후 그녀가 들어왔다. 오늘따라 더 예뻐 보였다. 차를 마시며 설렘 속에서 이야기를 나누는 동안 서로를 알아가기 시작했다. 서로가 마음이 통하고 시간을 갖고 사귀기로 하였다. 그때 그 자리에서 난 그녀에게 약속을 했었다. 나와 결혼해주면 아들딸 다 키우고 퇴직하면 고향마을 언덕 위에 하얀 집을 지어주겠다고 말했었다. 다음 만날 날을 약속하고 아쉬움을 달래며 각자의 집으로 향했다.

고향집이 내려다보이는 밭둑 높은 곳에 농막을 한 채 지었다. 고향집을 떠난 지 삼십 년이 지나면 옛집으로 들어가면 안 된다는 속설이 있어 이곳에 작은 집을 한 채 짓게 되었다. 그건 핑계에 불과했다. 규모는 작고 보잘것없어 보이지만 내게는 큰 의미가 담겨진 집이라 더욱 감회가 깊었다.

아버지가 홀로 월남하여 가정을 이룬, 일가친척 없는 외로운 가정에서 자란 아내다. 양가부모들이 만나고, 몇 번인가 고향집을 함께 내려가, 우리 가족이 여러 형제가 오손도손 행복하게 살아가고 있는 모습을 보고는 속삭이듯 말했다. 언덕 위의 하얀집을 약속한다면 결혼하겠다고.

건물 벽은 하얗고 지붕은 빨개서 멀리서도 쉽게 눈에 띄게 하였다. 집 주변엔 마루를 넓게 깔아 공간을 확보했고 손자들의 안전을 고려하여 난간대도 설치했다. 집을 돋보이게 하려고 돌도 쌓고 꽃동산도 만들려고 준비했다. 이것저것 하고 싶은 것들이 많다.

작은 집이지만 실내에 설치할 건 다 했다. 주방엔 아내가 직접 선택한 싱크대 가스레인지 벽찬장을 달았다. 화장실도 변기 세면대 온수기까지 자리했고 에어컨, 벽걸이 텔레비전과 스카이 라이프까지 모두 설치했다. 바닥엔 전기필름 난방을 설치하여 스위치만 켜면 뜨끈뜨끈 온돌방 같은 느낌이다.

아내는 문을 열고 들어가 이곳저곳을 살피며 소녀처럼 좋아했다. 우리가 처음 만난 그날의 수줍던 청순한 미소로 마냥 좋아했다. 그런 모습을 바라보고 있노라니 내 마음도 왠지 모르게 설레고 쿵덕거렸다.

어린 시절 동네 친구들과 고기 잡고 뛰어놀 때 나는 말했었다. 동네 앞 언덕 밭에 언덕 위의 하얀집을 짓겠다고. 이제 그 약속을 실현하게 되었다. 아내를 처음 만났을 때도 고향 자랑을 하면서 언덕 위에 하얀 집을 지어서 노후에 둘만의 공간으로 사용하겠다고 이야기했었다.

퇴직 후 고향 밭을 가꾸었다. 청주에서 다니다 보니 항상 일을 마치지 못하고 시원해질 만하면 돌아오곤 해야만 했었다. 그러던 어느 날 지친 몸으로 운전하며 청주로 돌아오고 있는데 아내가 제안을 해왔다. 우리 이렇게 힘들게 왔다 갔다 하지 말고 언덕 위에 집을 짓고 일이 많을 땐 그곳에서 며칠씩 잠자리를 하며 아침저녁으로 시원할 때 일을 하면 어떻겠냐고 말했다.

아, 그렇지 그러면 되겠다. 힘들게 일하고 하던 일 마무리도 하지 못하고 어렵게 운전하고 돌아오는 것이 위험한데 그렇게 하는 것이 좋겠구나 생각했다.

생각은 생각으로 머물면 안 된다. 즉시 실행으로 옮겼다. 공사가 진행되고 서서히 윤곽이 드러나기 시작했을 때 생각보다 멋있고 아름답다는 사실을 느꼈다. 어릴 때 자라던 고향마을도 내려다보이고 높은 곳에 위치해 시원하기까지 하고 너무 좋았다. 아내와 친구들과의 약속도 지켰고 그래서 더욱 좋았다.

한때 농막을 포기해야 하는 위기 상황에 봉착하기도 했다.

어떤 일을 추진한다는 게 쉬운 것만은 아니었다. 막내딸이 서울에서 식당을 한다고 하여 가게를 계약하고 리모델링 업자를 선정했다. 착수금을 많이 요구하여 다소 의심은 했지만 믿고 계약을 했다. 우려했던 바와 같이 문제가 발생됐다. 약속 날짜가 지나도 공사 진행은 되지 않고 추가 비용만 발생하여 농막 지을 돈까지 모두 들어갈 처지에 이르렀다. 그중 다행히 문제가 발생되기 직전 공사포기각서 받아내고 손해배상까지 받아내었다. 그 후 새로운 업자를 다시 선정하여 공사를 잘 마무리하고 예정보다 다소 늦은 개업을 하게 되었다. 농막공사 자체가 중단될 위기에 처했다 어렵게 완공하고 나니 더욱 소중하고 아름답게 보였다.

나는 35년 전의 약속을 지켰다. 농막을 완성하고 35년 전 약속하던 그날처럼 첫날밤을 지내던 날 우린 둘 다 누가 먼저랄 것 없이 35년 전의 약속을 기억해낸 것이다. 약속을 지켰다는 것이 자랑스러웠다. 우연히 했던 이야기였을지 모르지만 약속을 지켜낸 것이다. 언덕 위의 하얀집을 바라보며 내 자신을 자랑스럽게 생각했다. 약속을 지켜낸 내가 자랑스러웠다. 지켜낸 약속으로 인해 우리는 아직도 서로가 서로의 꿈과 생각을 존중하며 살아가고 있다는 것을 알 수 있었다. 서로의 꿈을 이룰 수 있도록 상대를 배려하고 사랑으로 대하고 있다는 것을 새삼 깨닫게 되는 계기가 되었다. 그래서 인생은 아름다운가 보다.

편식

가족이 모여 식사를 한다. 아내는 밥을 먹이려고 손녀와 싸움을 한다. 먹이려는 할머니와 먹지 않으려는 손녀딸의 전쟁이다. 다행히 입에 맞는 반찬을 올려주면 받아먹는데 그렇지 않으면 입에 물었다가도 뱉어버린다.

밥은 먹지 않고 과자만 먹으려 하니 걱정이다. 달콤함의 끝은 치과행이다. 그런 어려운 과정을 겪으며 성장한 아이가 학교를 졸업하고 취업준비를 한다. 가고 싶은 곳은 많으나 오라는 곳은 없다. 학교 다닐 적에 입에 맞는 과목만 공부하였으니 성적이 뒤처진다. 공부도 편식했기 때문이다.

대부분의 취업준비생들은 대기업이나 공무원시험에 응시

한다. 직업에 대한 편식이다. 중소기업은 구인난에 허덕이는데 눈길조차 주지 않는다. 몇 번 도전해보고 아니다 싶으면 목표를 낮춰 지원하여야 하는데 끈질기게 도전한다. 입맛에 맞지 않는 반찬에도 젓가락이 갔으면 좋겠는데 계속 고집한다.

학교 공부할 때 어느 학생은 영어와 수학을 싫어하고 또 다른 학생은 국어와 과학을 싫어한다. 자기가 싫어하는 과목은 제쳐 놓고 좋아하는 과목 위주로 공부하게 된다. 영양 불균형이 온다.

취업준비는 밥상이다. 여러 종류의 반찬으로 차려 골고루 영양소를 섭취해야 한다. 이와 같이 다양한 직종의 일자리를 생각하고 언제 어느 곳이든 응시할 수 있는 준비를 갖추어야 한다. 가려 먹는 습관을 버리고 반찬을 고르게 섭취하는 습관을 가져야 하겠다.

직장 생활이나 농사일도 마찬가지다. 한 가지 작물만 고집하면 가격 폭락, 병충해 등으로 실패할 확률이 높다. 그러므로 편식하지 말고 고루 재배하면 한쪽이 망해도 다른 한쪽에서 만회할 수 있다. 그래야 불균형을 해소할 수 있게 된다. 농작물을 기르는 데도 퇴비, 비료, 물, 등의 고른 배합으로 재배해야 건강하고 맛좋은 과일과 채소를 생산하게 된다.

나는 그동안 살아온 인생에 지나친 편식은 없었는지 돌아본다. 가족, 친척, 친구, 등 만나며 살아온 사람들과 서로 적당한 관계를 유지하며 살아왔는지 편애하며 편식하진 않았는지 생각해 본다.

지금의 나는 건강상태가 좋지만은 않은 것 같다. 젊은 시절 인생을 편식하고 살아온 결과다. 늦었지만 지금부터라도 편식하는 습관을 버리고 살아가는 과정에 만나는 모든 이들에게 편애하지 않고 골고루 함께 위하며 살아간다면 앞으로 남은 인생길 활짝 피우며 살 수 있을 것이다.

인생을 살아오면서 이것저것 골고루 섭취하며 살아온 사람은 삶이 건강하다. 그러나 달콤함만 즐겨온 사람은 각종 질환에 시달리며 고통 속에 살고 있다. 어릴 때부터 편식하며 살아온 아이는 나이가 들어 직장을 다닐 때나 살아온 삶에서도 편식을 하여 결국 인생 자체가 허약해진다. 고른 식습관, 고른 운동, 고른 일자리를 통해 인생을 건강하게 즐겁게 살아야 하겠다.

손녀딸과 할머니의 식사 전쟁은 언제쯤 끝나려는지 궁금하다. 베란다 화분에도 물만 주지 말고 비료와 퇴비도 함께 주어야겠다. 편식을 시켰더니 잎이 누렇다.

막걸리

막걸리통을 잔뜩 실은 자전거가 마을에 들어선다. 애경사가 있는 것이다. 옛날엔 마을사람들이 돼지 잡고 음식 장만하여 손님을 접대했다. 이때 음식상에 막걸리 주전자를 함께 올렸다. 예식장 뷔페식당에서 음식을 날라다 먹는 요즘과 달리 그땐 과방에서 음식을 차려 상에 날라다 주었다.

옛날에는 술이 막걸리밖에 없었다. 소주도 있긴 했지만 거의 막걸리가 주종을 이루었다. 주전자를 들고 사러 가면 단지에서 바가지로 퍼 담아 주었다. 지금은 마트에 가면 많은 종류의 술이 기다리고 있어 취향대로 골라 담아오면 되지만 그때는 그렇지 못했다. 꼭 주전자를 가져가야지만 사올 수 있었다. 심지어 마을 점방에 막걸리가 동이 나면 고개 넘어 이웃마을까지 가서 받아와야만 했다. 주전자를 들고 고개를 넘어오다 보면 힘들고 갈증 나서 한 모금씩 마시며 돌아왔다.

농촌의 정과 힘은 막걸리에서 나온다. 옛날 우리 조상들은 농사일을 하다 힘들 때 막걸리를 직접 담가 먹었다. 쌀을 쪄서 멍석에 펼쳐 식힌 뒤 밀기울이 섞인 누룩을 독에 넣고 물을 부어 며칠을 숙성시킨다. 그런 다음 체에 받아내고 지게미는 손으로 뭉개어 물을 넣고 다시 거른다. 이런 과정으로 막걸리를 주조하여 이웃과 새참으로 나누어 먹었다.

시골에 가려면 준비물로 막걸리 몇 병과 안주로 삼겹살을 구입한다. 옛날에는 시골 마을에 점방이 있어 막걸리와 국수 등을 팔았었는데 이제는 마을 인구가 줄어들어 없어졌기 때문이다. 출발할 때 마트에 들려 사 가야 한다.

점방이 없어지니 마을에 혼자 사는 할머니들이 일하다 간식으로 막걸리를 먹고 싶어도 살 데가 없어 먹지를 못한다. 땀 흘리고 집에 돌아와 갈증 해소용으로 막걸리가 생각나지만 읍내까지 가야 하기에 사러 가질 못한다고 했다.

아랫밭 할머니는 우리가 갈 때마다 막걸리를 사다드린다. 막걸리를 드리면 받아들고 세상을 다 얻은 것처럼 흡족해 하신다. 말로는 왜 사오냐고 하지만 어느덧 손은 막걸리 병을 받아들고 웃고 있다. 당신께서는 줄 것도 없는데 맨날 받아먹기만

해서 미안하다고 하신다.

막걸리를 가져가면 혼자 드시는 게 아니라고 했다. 저녁에 회관에서 마을 할머니들과 둘러앉아 이야기를 나누며 나눠 마신다고 한다. 그래서 갈 때마다 꼭 잊지 않고 사다 드린다. 내 차가 도착해서 주차되어 있으면 전동차를 타고 밭으로 나와 일을 하신다. 그러면 막걸리와 음료수 빵 등을 들고 가 건네주고 온다.

막걸리는 우리 민족의 얼이 담겨 있다. 아주 오래전부터 농부들의 곁에서 힘을 북돋아주고 친구가 되어 고난을 함께 해왔다. 논밭에서 땀 흘리며 일하는 농부들에게 새참이 되어 주고 그들의 흥을 북돋아주었다. 항상 곁에서 지켜주고 춤추고 노래하게 해 주었다. 우리 역사를 지켜주고 함께 걸어온 소중한 친구다.

한때 소주 맥주에 밀려 사양길로 접어들었던 막걸리다. 역사 속으로 사라질 위기에 처했을 때 막걸리에 항암 효과가 있다는 발표가 나오고 다시 우리 곁으로 돌아왔다. 얼마나 다행스러운 일인가.

우리 곁에서 사라져 가는 주전자. 플라스틱 병에 밀려 보기 힘들다. 다시 주전자로 막걸리를 사서 들고 다니는 광경을 볼 수는 없을까 기대해 본다. 역시 막걸리는 주전자서 따라 마셔야 제 맛이 난다. 주전자는 막걸리만 담는 게 아니라 막걸리 맛

같은 인정과 사랑을 담기 때문이다.

오늘도 사랑 가득 담긴 막걸리를 싣고 시골 마을로 자전거가 아닌 자동차가 달려간다.

전도사

설날이 다가온다. 아내와 설에 사용할 가래떡을 뽑아오고 시골에 가서 직접 두부도 만들어 왔다. 만들어온 두부를 으깨어 갈아온 고기와 야채 등을 섞어 육전도 사지 않고 직접 만들었다. 식혜도 엿기름을 삭혀서 끓여 만들고 이것저것 준비하느라 분주하다. 동생네 가족과 아들딸 가족들이 오기 전에 둘이서 미리 준비하여 먼 길을 달려오는 가족, 친지들이 편하게 쉬었다 갈 수 있게 하기 위해서다.

작은설이다. 까치들의 설날이다. 꼬치전 구울 재료를 꼬치에 꿰고 계란을 풀고 전 부칠 재료 준비를 마친 후 아내와 둘이 앉아 부치기 시작했다. 기름을 두르고 계란 옷을 입혀 육전, 깻

잎전, 버섯전, 동태포전, 꼬치전, 배추파전을 차례로 부쳤다. 아내와 함께하니 즐거웠다. 타지 않게 정성을 기울여 노릇노릇 보기도 좋게 맛있게 부쳤다. 부쳐놓은 전이 소쿠리에 가득하다. 예쁘게 잘 정리되어 먹기조차 아까울 정도로 아름답게 예술적으로 전 부치기를 마무리했다.

잠시 휴식을 갖고 만둣속을 만들기 시작했다. 나물을 볶고 고기도 볶고 잡채는 삶고 두부를 으깨어 넣고, 이렇게 한참을 준비해 속 만들기를 완료했다. 이어서 만두피 반죽을 하고 있는데 아들 가족과 동생네 가족들이 속속 도착했다. 서로 반갑게 인사를 나누었다. 오랫동안 차 타고 오느라 고생했다며 부쳐놓은 전과 식혜를 차려 주었다. 아들가족과 동생네 가족은 갈증이 난다하며 식혜를 벌컥벌컥 들이켜고는 전을 집어먹기 시작했다. 먹는 데 팔려 말이 없던 제수씨가 이제야 생각났다는 듯 전을 벌써 다 부쳤냐고 물었다. 이미 다 부쳤다고 했더니 아주머님이 형님하고 다 했느냐고 되물었다.

제수씨의 얼굴이 환하게 펴진다. '큰집에 가면 피곤한데 쉬지도 못하고 전 부치고 이것저것 준비하려면 큰일이다.' 생각하며 왔는데 전을 다 부쳐 놓았다 하여 이보다 더 좋을 수가 없다며 환하게 웃었다. 그러더니

"아주버님 전 잘 부치세요?" 하고 묻는다.

"예." 하고 대답했다.

“아주버님 전도사시네요.” 하는 게 아닌가.

“아니 나는 교회도 다니지 않는데 웬 전도사요?” 하고 반문했더니

“그 전도사가 아니고 전 잘 부치는 전 도사요.” 하는 것이다. 우리 가족 모두 한바탕 웃음이 터졌다.

그 이후 나는 별명이 하나 생겼다. 제수씨들이 나를 부를 때 전도사님 하고 부른다. 형제들과 아들 며느리 모두가 모여 만두를 만드는데 제수씨가 놀리듯 전도사님을 자꾸 찾는다. 이건 어떻게 할까요? 저건 어떻게 할까요? 일부러 자꾸 물어보며 전도사님, 전도사님 한다. 기분이 좋다. 이렇게 아름다운 분위기 속에서 설 명절을 보내면 스트레스 받을 일도 없고 명절 증후군도 생기지 않을 것이다.

웃고 즐기며 만두를 만들다 보니 지루함 없이 어느새 다 만들었다. 억지가 아닌 즐거움으로 만드니 힘들지 않고 재미있고 쉽게 만들었나 보다. 저녁은 떡만둣국을 끓여먹기로 했다. 양질의 쌀로 만들어온 가래떡과 직접 만든 만두를 넣고 끓인 후 고명을 올려 먹는 떡만둣국은 설 분위기를 통째로 먹는 맛이었다. 모처럼 만나 그동안 살아온 이야기를 나누며 먹는 떡만둣국은 행복을 먹는 맛이었다.

설 차례상을 차린 후 모두가 차례를 지내고 맛있는 식사를 마친 후 세배를 받기 시작했다. 제수씨들이 큰아주버님과 큰형

님은 부모님 맞잡이라며 세배를 올린다고 했다. 세배를 마치고 다소곳이 앉더니

"전도사님 새해 복 많이 받으시고 건강하세요." 하는 것이다. 우리 온 가족은 포복절도抱腹絶倒하였다. 설날 아침부터 우리 집은 큰 웃음소리로 시작되었다. 참으로 복 받은 집안이라고 생각했다.

이제 모두 떠나가야 한다. 동생과 제수씨들이 떠나며 우리 집안은 전도사님이 잘 해주셔서 피곤함 없이 즐겁게 스트레스 받지 않고 오히려 스트레스를 해소하고 잘 쉬었다 갑니다. 하며 인사하고 떠났다. 내 마음이 뿌듯했다. 명절을 지내고 집에 돌아가면, 이혼하는 부부가 해마다 증가한다는 뉴스가 올해도 어김없이 나왔다. 서로가 만나 즐겁게 즐기라고 만들어진 명절에 가정불화를 불러오는 일이 발생하지 않아야 하는데 어처구니없는 일이다. 나는 생각했다. 집집마다 전도사가 한 명씩은 필요하겠구나 하고.

2. 인생을 담은 책

인생 뭐 있나 | 인생은 강물이어라 | 인생을 담은 책
도화지 위에 그려진 인생 | 인생 운전사 | 무대 | 감나무 그리고 인생
생의 중심에서 벗어나 | 멈춰진 세월 | 나무와 인생

인생 뭐 있나

인생 뭐 있나. 이렇게 하루하루 살다보면 한 해가 가고, 한 해 한 해 살다보면 인생이 간다. 세월의 흐름에 몸을 맡기고 흐름 따라 사는 게 인생이지.

해가 떠오른다. 중천이다. 무거웠는지 서서히 서산으로 내려앉는다. 나뭇가지에 얹혀 하늘을 빨갛게 불사르다가 이내 종적을 감춘다. 하루의 마감이다. 그렇게 한 달이 지나고 일 년이 흐른다. 세월이 흐르면 강산이 변하는데 해는 그 모습 그대로다. 우리네 인생도 그대로면 좋겠다. 몇 번인가 강산이 변하다 보니 해는 아직도 그대로인데 인생은 변해있다. 몸도 변했다. 그러다 1세기가 넘어간다. 그것이 삶이요, 인생이요, 여행의 종착지다. 처음 출발지로 돌아간다. 이제 또 다른 여행을 준비한다. 내가 선택해서 왔던 길이었기에 미련 따윈 없다.

소리 없이 세월이 흐른다. 그 속에 인생이 함께 묻어간다. 가는 것만 있고 오는 건 없다. 아니 있다. 희로애락이 다가온다. 살며시 다가온다. 때론 매몰차게 다가와 힘들게 한다. 이를 견뎌내고 극복한다. 그것이 인생이다.

세상살이 매일 좋을 수는 없다. 추위에 떨기도 하고 더위에 땀 뻘뻘 흘려보기도 하며 살기도 한다. 매운맛도 보고 짠맛도 보고, 맛있는 것도 먹고 맛없는 것도 먹고 그게 인생이지 별것 있나. 어떤 때는 싸우기도 하고 혼나기도 하고 매일 좋을 순 없지 않은가. 삶이 지루해지면 여행을 떠나고 고독도 씹어보고 산다는 게 그런 거 아니겠는가. 배부르면 노래 부르며 낮잠을 즐기고, 배고파지면 맛집 찾아 맛있는 음식 먹으며 살면 되지 뭐.

아침에 일어나면 세수하고, 수염이 길었으면 깎으면 되지. 아프면 병원 가고 약 먹고 졸리면 자고, 무안한 일 있으면 눈 돌리고 바라보지 않으면 되는 거지. 그런 게 인생사는 거 아니겠어? 잘살면 얼마나 잘살고 못살면 얼마나 못살겠어. 도긴 개긴 사는 건 다 똑같겠지. 돈 많다고 하루 다섯 끼 먹는 건 아니잖아 어차피 세끼 먹기는 같을 것 아닌가?

그럭저럭 살다 보면 남는 건 하나 없고 결국 빈손으로 돌아가겠지. 지난밤까지 매달렸던 나뭇잎이 길가에 뒹구는 걸 보니 삶의 막을 내렸다는 거겠지. 그럼 또 다른 삶을 준비하면 되고, 시작엔 끝이 있고 끝은 또 다른 시작을 의미하는 것이 아닐까? 끝도 시작도 없으면 모든 게 무의미해지니까 맺고 끊어야 하겠지.

지금 이 시간에도 벽에 걸려있는 시계가 돌고 있다는 건 시간이 흐르고 있다는 거지. 거기에 맞춰 그럭저럭 살다보면 주변의 살아 움직이는 모든 물체들과 하나가 되어, 생을 함께 영위하고 있다는 증거가 되겠지. 언젠가 어떤 장소에서 어떤 형체로 만나게 될지 모르는, 그들을 바라보며 씁쓸한 미소를 지으며 살면 되겠지. 그것이 곧 인생 아니겠는가?

만날지 못 만날지는 알 수 없지만 만날 것이라는 가정 하에 그들을 내 인생에 초대하여 함께하고 있다. 그래야 마음이 편해질 테니까. 다음 여행은 내가 무엇으로, 어떤 모습으로, 어느 행성으로 출발하게 될지가 궁금하다. 내게서 많이 흘러버린 시간, 그래도 아직 많은 시간이 이번 지구여행 기간에 남아있다.

그들이 여행을 마치고 돌아갈 때 지구에 작은 흔적을 남기고 떠나간다.

인생은 강물이어라

세월이 빠르게 흘러간다. 폭우로 불어난 강물처럼 빠른 속도로 흐른다.

어느 날 나는 태아 때 엄마 뱃속 양수에서 놀며 배운 수영 실력으로 흐르는 강물에 몸을 실었다. 강물은 나를 싣고 급하게 흘러내려 갔다. 그것이 내 인생의 시작이었다. 강 따라 흐르며 형제자매를 만나게 되었고 일가친척, 이웃과 친구를 만나게 되었다. 우리는 모두 강물의 흐름에 따라 때론 빠르게 때론 천천히 인생을 즐기며 함께 흘렀다. 그렇게 흐르는 강물의 여정은 바다에서 그 생을 마친다.

물이 흐르는 속도에 인생을 맡기고 지금까지 흘러왔다.

100세 인생 중간지점까지 희로애락을 함께하며 흘러오다 낙오된 사람들도 다소 있지만, 대부분은 지금까지 운명을 함께하며 흘러왔다. 서로 손을 잡고 힘을 합쳐 위기의 순간들을 극복해왔고, 서서히 안정감을 안겨주며 인생 물놀이를 즐기며 살아가고 있다.

한때 소용돌이에 휘말려 헤어나지 못하고 빙빙 돌며 방황하다 겨우 탈출하기도 했었다. 강물에 다른 냇물이 합류되는 지점에 도달해서는 방향을 잡지 못하고 좌충우돌 방황하기도 했었다. 그럴 때마다 이를 잘 극복하고 강물 따라 흐르며 내 인생은 내가 만들며 흘러왔다.

'물은 흘러가는 것이 아니고 흐르는 것이다.'라고 했다. 인생은 흘러가는 것이 아니고 흐르는 것이다. 흐름에 몸을 맡기고 부닥치는 상황에 따라 대처하며 살면 되는 것이다. 그날그날 닥치는 환경에 적당히 대처하며 그에 적응하며 살아간다면 문제는 발생하지 않을 것이다.

강을 둘러싼 주변 산과 들이 얼마나 아름다운가. 그곳 가운데에 물이 흐른다. 흐르는 강물에 새와 구름이 뛰어든다. 그 물에 내 인생이 떠 있다. 우리의 삶은 아름답다. 이처럼 더없이 좋은 환경을 서서히 즐기며 살아야 하는데 마다하고 급하게 서두르며 흘러 버린다. 인생을 너무 가볍게 포기한다.

급변하는 세상 급변하는 물살. 언제 변할지 모르니 남들보다 빠르게 급물살을 타고 앞서가려고 서두른다. 급하게 흘러간 물은 여정의 끝자락에 빨리 도착한다. 인생의 거리가 단축된다. 남보다 빠르게 흐르는 것은 결코 좋은 것이 아닐 것이다. 꼭 필요하다면 급물살도 타보고 강폭이 넓은 지역을 통과할 때는 여유를 갖고 주변을 둘러보며 삶의 의미도 축적시키고 인생의 맛을 제대로 음미하며 흘러야 하겠다.

아직 까마득히 먼 거리에 위치하고 있는 강물의 여정, 생명의 종말 바다. 굽이굽이 돌고 돌아 한 번의 쉼 없이 흘러 언젠가는 도착하겠지만, 그전에 해야 할 일들이 산재해 있다. 먼저 나를 제대로 찾고 인식하고, 가족과 보다 많은 대화를 나누며 서로를 이해하고 아끼고 사랑하는 방법을 몸속 가득 담아야겠다. 머나먼 흐름이지만 급류에 휩쓸려 갈 수도 있다. 항상 준비된 마음으로 바다에 도착할 때까지 긴장을 늦추지 말고 살아야 하겠다.

강물의 흐름 따라 인생도 흐른다. 인생의 종착지 바다로 흐른다. 천년을 말없이 흐르는 강, 거기에 비하면 내 인생은 한 방울의 물방울에 불과하다. 인생은 그렇게 덧없이 흐르고 그 속에 내가 있다.

인생을 담은 책

오늘도 한 장의 책장이 넘겨졌다. 하루가 시작된다. 두툼하던 책이 어느새 반도 더 넘겨졌다.

오늘은 오늘의 책장을 넘긴다.

평소와 다름없이 아침 식사를 마치고 아내와 출발했다. 충남 청양에 있는 청양호 출렁다리가 목적지다. 한적한 산과 들을 가로질러 시원하게 달려 목적지에 도달했다. 주차장은 벌써 반 이상 채워졌다. 전국에서 가장 길다는 출렁다리 아래 호수는 반쯤 녹은 얼음이 출렁이고 있었다.

한걸음 한걸음 내디딜 때마다 출렁다리는 춤을 춘다. 우리는 어린아이들처럼 즐겁다. 중간 지점 교각 탑에는 청양의 명물

고추 모양으로 설치되어 있어 지역특산물 홍보도 겸하고 있었다. 출렁대는 다리를 건너갔다. 갑자기 용이 꿈틀거리고 호랑이가 포효한다. 깜짝 놀라 몸을 움칠했으나 그건 조각품이다. 호수를 끼고 둘레길이 길게 연결되어 있어 하늘, 산, 물을 가슴에 안으며 걸을 수 있었다. 얼마를 걷다 보니 놀이 나온 아낙네들이 술 한잔 마시며 골짜기마다 〈칠갑산〉 노랫가락이 가득하다. 나까지 절로 어깨가 들썩인다.

청양호를 뒤로하고 장곡사로 향하다 그림 같은 계곡에 안겨 있는 들깨칼국수집으로 이끌렸다. 우리도 그림 속의 일부가 되었다. 들깨칼국수의 맛은 피로까지 잡아준다. 국수를 건져 먹고 남은 국물까지 들이켠다. 텅 빈 그릇에 다소 미안함을 느끼며 식당을 나와 장곡사로 출발했다.

꾸불꾸불 굽이굽이 돌고 돌아 장곡사에 도착했다. 숲은 고요하고 울어준다는 산새소리마저 감춰진 사찰엔 풍경 소리만 고즈넉하다. 그 조용함에 저절로 숙연해진다. 두 곳의 대웅전이 있는 특색을 지닌 장곡사는 두 사찰이 합쳐진 것인지 모르나 방향도 각기 달랐다. 상대웅전과 하대웅전으로 나뉘어져 있어 하늘과 조금이라도 가까운 상대웅전으로 올라갔다. 고즈넉한 법당에 들러 참배를 드리고 나와 발아래 펼쳐진 속세를 내려다보았다. 선인이 된 흉내를 내고 있었다.

마음이 차분해졌다. 다음으로 간 곳은 장승공원이다. 나무와 돌로 만들어진 장승은 지역 간 경계나 이정표, 마을 수호신으로 세워졌다 한다. 정월 대보름에 장승제를 지내며 국태민안과 무병장수를 기원했고, 장승을 세우는 목적이 잡귀를 쫓는 데 있어서인지 무서운 표정들을 하고 있었다. 장승테마공원의 각기 다른 표정들을 바라보며 산책을 하니 절로 마음이 치유가 되는 느낌을 받았다.

장승 숲을 빠져나와 백제문화체험박물관을 찾았다. 백제 의상 체험, 백제 토기 만들기 체험 등 가족단위로 체험할 수 있는 체험관과 옛 거리를 재현해 놓은 체험관도 있어 교복 체험도 하며 이곳저곳을 즐기다 밖으로 나오니 농경문화 전시관도 있어 농경문화를 이해하는 데 도움이 되는 등 다양한 백제문화를 엿볼 수 있는 기회가 되었다.

하루가 피곤하다. 이제 불을 끄고 조용히 오늘의 책장을 덮었다.

태어날 때부터 죽음에 이를 때까지의 인생이 새겨진 한 권의 책. 그 책을 한장 한장 넘길 때마다 나의 하루가 지나간다. 지난날의 페이지는 다시 읽을 수 없고 내일의 페이지도 미리 읽을 수 없다. 오늘의 페이지만 열고 읽어나갈 뿐이다. 책에 쓰여진 대로 하루를 느끼고 행동하며 살고 있다. 책장이 한장 한장 넘겨질 때마다 새로운 일들이 펼쳐진다. 어떤 날은 글을 쓰고 어떤 날은 농사일을 하며 어떤 날은 여행을 떠난다.

한 권의 책이 반 이상 넘겨졌다. 그동안 내가 살아온 인생이다. 그러나 아직 읽어나갈 부분이 꽤 두툼하게 남아있다. 궁금하지 않다. 책장에 쓰여진 대로 하루를 열고 닫는다. 이 책의 마지막 장에 무어라 적혀 있을지 궁금하지 않다. 마지막 장이 넘겨지는 날 나의 책은 어떤 향기가 남을까.

(충청매일. 2018. 5. 16.)

도화지에 그려진 인생

하얀 도화지 위에서 크레파스가 일 년을 그리고 있다. 봄, 여름, 가을, 겨울 한 해가 그려진다. 계절이 바뀔 때마다 도화지 위의 크레파스가 색깔이 바뀌며 색칠된다.

고추 고구마 모종이 그려지고 밭고랑마다 참깨 씨앗과 옥수수 씨앗이 심겨지며 그림에 등장하고 감자 싹이 나타나면 어느새 주변이 파랗게 변해 있다. 해가 따스하게 느껴지고 봄비가 살포시 잎을 적셔준다. 오이며 수박, 참외가 넝쿨을 뻗기 시작하면서 도화지 위에는 점점 공간이 사라진다.

가지마다 노랑 빨간 꽃이 그려지기 시작한다. 기다렸다는 듯 벌 나비가 날아든다. 물을 달라고 투정부리는 모습도 그려진다. 아기 눈망울 같은 조그만 열매가 맺히고 수줍다는 듯 잎사귀 뒤에 숨어 보일 듯 말 듯 그려진다.

그림이 점점 자란다. 크레파스 색깔도 짙은 색깔들로 도화지 위에 등장한다. 열매들도 제법 크게 그려져 이젠 도화지에 많은 비중을 차지하게 된다. 뜨거운 햇빛을 받으며 색이 점점 변해간다. 옥수수는 벌써 수염이 나와 늘어지고 파란 수박, 노란 참외, 보랏빛 가지와 길게 늘어진 오이가 그려진다. 자두도 어느새 검붉은색으로 칠해지면 도화지는 제법 형형색색으로 변해간다.

도화지가 물들기 시작한다. 녹색의 잎들이 빨강 노랑 크레파스로 분장을 했다. 작고 파랗던 열매도 선분홍색으로 치장하기 시작했다. 검게 무거워진 포도송이는 철봉에 매달려 힘들어 하는 아이들처럼 애처롭다가 도화지 위에서 잘라져 트럭에 실려 경매장으로 향했나 보다. 뒤늦게 말문이 터져 입을 벌린 밤송이가 알밤을 드러내 보이고, 잎에 가렸던 감은 빨간색으로 칠해지며 얼굴을 내민다. 잎도 빨갛고 감도 빨갛고 농부의 가슴을 설레게 한다.

가을로 가득 차려진 식탁 위에는 하얀 쌀밥과 배추 총각무가 화장한 김치로 색을 맞추고 주변엔 방금 수확해온 고구마와 잘 마른 붉은 고추가 함께 그려져 있다. 아름다운 미소를 지으며 먹고 바라보고 있는 가족의 그림에서 행복을 찾을 수 있다.

식사를 마친 식탁엔 후식으로 각종 효소와 과일들이 그려져 올라간다.

어느새 들판은 비워지고 앙상한 나뭇가지와 길 옆에 낙엽이 뒹굴고 있다. 이젠 도화지 위에 창고 한 채만 그려도 될 듯싶다. 바로 나뭇가지 위에 하얀 눈이 그려지겠지. 찬바람과 꽁꽁 얼어붙은 시냇물도 도화지 위를 장식하겠지. 썰렁한 도화지를 바라보며 냉이가 돋아나는 따스한 봄날을 머릿속에 그리고 있을 것이다.

우리 인생의 그림도 이렇게 시시때때로 변하며 그려지고 있을 것이다. 어제와 다른 오늘, 오늘과 다른 내일, 내일과 다른 우리들의 앞날. 그것이 세월이요 인생일 것이다. 지금 나의 도화지 위에는 꽃들이 많이 그려지기 시작했다. 나이가 들면 꽃을 좋아한다고 옛날 어른들이 이야기해 주셨다. 나도 나이가 들어가고 있는 것일 게다.

내 인생의 도화지엔 행복하고, 즐겁고, 건강한 모습만 그려졌으면 좋겠다. 아니 그러길 바란다. 나에게 그림을 그릴 기회가 주어진다면 참 좋은 아름다운 인생을 그려 넣겠다. 점점 도화지가 쌓여간다. 인생이 쌓여진다.

인생 운전사

나는 아버지가 운전사인 인생차에 어느 날 탑승했다. 아버지 옆자리엔 어머니가 계셨다. 셋이서 행복의 길을 달리며 떡국 몇 그릇 먹다 보니 어느새 뒷자리 탑승자가 6남 1녀가 되었다. 어려운 형편 속에서 자갈밭을 달렸지만 때로는 아름다운 꽃길을 달리며 성장했다.

어느 날 나도 인생 운전 면허증을 취득했다. 초보운전으로 혼자 출발하여 더듬거리다 옆자리에 아내를 태우게 되었다. 함께라서 많은 힘이 되었다. 어려울 때 서로 힘이 되었기에 별 어려움도 모르고 나아갔다. 해가 바뀌며 뒷자리에 동승자도 생겼고 곧 3명이 되었다. 우리 가족은 5명이 되어 함께 인생길을 달렸다. 차 안은 온기로 가득했다.

어느 해인가 아버지 어머니께서 병환으로 운전사를 포기하고 우리 인생 차에 합류했다. 우리 차는 대만원이 되었다. 아이들 돌보랴, 직장 다니랴, 아버지 어머니 병원 모시고 다니랴, 힘들고 고달펐다. 이렇게 어려울 때 파도가 쳐도 그 자리를 지키는 바위처럼, 늘 옆자리를 지켜주는 듬직한 아내가 있었기에 울퉁불퉁한 비포장도로도 자신 있게 운전할 수 있었다.

고독한 운전자가 아닌 행복하고 즐거운 운전사였다. 때로 마음을 비우고 싶을 땐 바다를 찾았고, 마음을 채우고 싶을 땐 산을 찾았다. 바다에선 마음에 휴식을 주었고 산은 때 묻은 영혼을 씻어 주었다. 그리고 다시 일상으로 돌아와 가족의 충실한 운전사가 되었다.

그러던 어느 해에 아버지 어머니는 더 이상 우리와 함께하지 못하고 우리 곁을 떠나셨다. 가슴이 미어지는 슬픔이 밀려왔다. 그렇게 우리는 다시 5명이 되었다. 내 인생의 삶에 지쳐 휴식이 필요할 무렵 아들딸이 성장하여 인생면허증을 취득하고 그들도 우리 차에서 내려 각자 자신만의 운전사가 되어 출발했다. 이제 우리 차엔 아내와 나 둘만이 남게 되었다.

둥지에서 떠난 아들딸의 옆자리에 어느새 동승자가 생겼다. 자신들만의 길을 달리며 뒷자리에 아들딸을 태웠다. 새로운 그들만의 인생을 개척하며 달려가고 있다.

나는 알고 있다. 우리 가족의 운전사로서 서툴고 미흡했던 점이 많았다는 것을. 하지만 그것을 알기 때문에 충분히 허점을 보완하고 개선하며 살 수 있었다. 다행인 것은 언제나 바르게 지켜야 할 것들을 지키며 정도만을 달려왔다.

아버지 운전사가 떠나간 자리에 내가 가족의 운전사가 되어 목적지를 향해 간다. 인생이라는 차 안에서 우리 가족을 모두 떠안고 안전운전하며 나아간다. 양심적 운전자로 남은 인생도 함께 달려가겠다. 그 종점이 어디인지는 알지 못해도 쉬며 쉬면서 가겠다.

지금 각자의 인생길을 가고 있지만 결국엔 가족이라는 틀 속의 하나 된 인생길이다. 장시간 운전에 심신이 지친다. 이럴 때 옆자리에서 노래를 들려주니 다시 힘이 솟는다.

아침 햇살 가득한 거실에 앉아 지나온 세월을 생각해 본다. 아무것도 생각나지 않는다. 앞으로 내가 가야 할 길만을 생각해 본다. 다른 가정의 운전사들도 모두 나와 같은 길을 달려왔고 앞으로도 달려갈 것이다. 이제부터 나는 인생 운전사로서 도전하며 책임을 다할 것이다.

(2019. 3. 6.)

무대

가로등이 업무를 마치고 서서히 퇴근한다. 창밖을 내다보고 있노라니 어느덧 나뭇가지에 뾰족이 새순이 돋아나 있다. 갓 입사한 병아리 사원처럼 신선함을 전해준다. 묵은 잎이 자리했던 곳엔 새잎이 묵은 잎을 밀어내고 돋아나 앞날을 설계하고 있다. 동료들과 경쟁하며 나를 알리기에 주력한다. 떨어진 나뭇잎은 새순을 지켜보며 흐뭇한 표정을 짓는다.

며느리로부터 연극 티켓을 예매해 놓았으니 올라오라는 연락을 받았다. 아내와 함께 서울로 올라가 용산에 있는 공연장으로 찾아갔다. 모든 준비를 마치고 우리를 기다리고 있었다. 조용히 입장하여 자리를 잡고 앉았다. 곧 연극이 시작되었다. 무대 위에서 열연하는 출연자들을 바라보고 있다 문득 옛 생각에 젖어 들었다.

처음 입사했을 때다. 오랜 준비 과정을 거치고 드디어 무대에 올랐다. 무대 위에서 나는 주인공이 되어 관객을 울리고 웃기고 하였다. 때로는 꼭두각시가 되어 뒤에서 조종하는 대로 움직이기도 했다. 막이 내리고 다시 막이 올랐을 때 나는 관객이 되어 관중석에 앉아있다. 무대도 바뀌었고 등장인물도 바뀌어 있다.

무대 장치를 하고 대본을 암기하고 조명 설치까지 마쳤다. 분장실에서 무대의상으로 갈아입고 역할에 맞는 분장을 한다. 짧은 머리의 학생, 더 짧은 머리의 군인, 장발의 직장인, 역할에 따라 변해갔다. 무대도 수시로 변한다. 시골 마을의 학교에서, 직장, 가정, 무대 등장인물도 점점 늘어난다.

그때그때 극본에 따라 가난뱅이도 되고 회사원도 되었다 사장도 된다. 꼭두각시가 되어 내 의지대로 활동하지 못하고 정해진 각본에 따라 움직인다. 슬픈 연기를 할 때면 관객도 함께 울고, 기쁜 연기를 하면 함께 웃고 감동한다. 노래도 함께 부르고 호탕하게 웃기도 한다. 힘들고 즐겁던 막이 내리고 장내는 어둠 속에 묻힌다.

다시 막이 올라가면 어둠이 사라지고 새 세상이 밝아온다. 왠지 무대가 낯설다. 곧이어 등장인물이 올라오는데 내가 아닌 다른 사람들이다. 전혀 다른 왠지 먹먹하기만 한 다른 사람 다른 느낌들이다. 어느새 나는 관객이 되어 관중석에 앉아 무대 위의 그들을 지켜보고 있다. 슬퍼할 때 같이 슬퍼하고 웃기면 웃는다. 이제 방조자가 된 것이다. 한때는 나도 저곳이 나의 무대였었는데 이제 넘겨주고 뒤로 물러서야 했다. 떨어진 나뭇잎이 된 것이다.

한때 내가 아무리 중요한 역할을 했으면 무엇하리요. 이제 내가 위치하고 있는 곳은 무대 위가 아닌 관중석인 걸. 화려했던 무대 생활은 잊고 객석에 앉아 무대에서 후배들이 연출하는 장면들을 지켜보며 울고 웃으면 된다.

현실을 직시하고 이제 그들이 하는 대로 지켜보고 있어야 한다. 설령 그들이 하는 것들이 성에 차지 않더라도 지켜보기만 해야 한다. 나의 시대는 막을 내렸다. 새로운 전혀 다른 환경과 조건에서 지켜보며 살아야 한다. 그것이 나의 길이요 인생이다. 느낌으로 가슴을 열고 열린 가슴으로 인생을 살아야 한다.

내가 무대에서 활동할 때에는 관중석의 관중들이 보이지 않았었다. 그래서 그들을 의식하지 않고 내 생각과 느낌대로 행동했었다. 이제 관중석에 앉아 무대를 바라보니 무대 위의 출연자들이 훤히 보인다. 순간 섬뜩해진다. 내가 무대에서 활동할 때 관중석에서 나를 지켜보며 나의 행동에 대해 뭐라 했을지 가 궁금해졌다.

현실을 깨닫고 이제 제2의 막을 올릴 준비를 한다. 지금까지의 경험을 바탕 삼아 전혀 다른 새로운 연극 무대를 올릴 준비를 서두른다. 무대는 1막으로 끝나는 게 아니다. 2막이 기다리고 있다. 어설픈 무대가 아닌 진정한 삶의 무대를 준비하고 제대로 된 새로운 각본을 무대에 올리고 있다.

(2018. 4. 4.)

감나무, 그리고 인생

빨갛게 익은 감을 수확한다. 일 년의 결실이다. 수확을 마친 감나무 가지마다 예쁜 단풍잎들이 매달려 있다. 아들딸 모두 출가시키고 할 일 마친 장년의 부부처럼 홀가분한 모습이다. 인생의 한 사이클이 저렇게 돌아가나 보다.

봄이 오면 갓 태어난 아기처럼 예쁜 새싹을 틔운다. 동그랗게 쏘옥 내민다. 가냘프고 여리게 내밀었던 새싹은 새벽이슬과 햇살을 엄마의 젖처럼 받으며 가지와 잎을 돋아 올린다.

새순이 자라면서 잎을 펼치고 그 사이에서 수줍은 듯 꽃을 피운다. 벌 나비의 중매로 사랑을 하게 되고 결실을 맺어 열매를 맺는다.

나무들은 사랑의 결실을 모질게 지켜낸다. 행여 거센 비바람에 작은 열매 하나라도 떨어질까 안간힘을 쓴다. 단 하나의 여린 열매까지도 단단히 매달고 있다. 애지중지 금지옥엽으로 사랑한다. 한 점이라도 긁혀 생채기를 입을까 애면글면 애를 태운다. 더욱 세게 붙잡고 있다.

비바람의 시기도 너무 이른 무서리의 질투도 견뎌낸 열매들은 알차게 자라고 영글어 간다. 파랬던 청춘이 성숙하여 빨갛게 홍조를 띠고 부모라는 둥지를 떠나 훨훨 새로운 세계로 각자 날아가게 마련이다. 그야말로 독립이다. 그동안 보살펴주던 부모로부터 독립하여 미지의 세계로 떠나간다. 각자 저마다의 삶을 찾아 넓은 세계로 뿔뿔이 흩어져 간다.

많은 감들이 있지만 서로 다른 각자의 길을 걷게 된다. 평소 몸이 허약하여 병치레를 자주 하던 녀석은 성장해서도 제구실을 못하고 시름시름하다 홍시로 변한다. 다른 녀석들보다 일찍 멋이 들어 빨갛게 화장하고 되바라지게 행동한다. 자신의 허약함을 아름다움으로 위장하고 잘난 척한다. 너무 일찍 철이 들었나보다.

가을 추녀 아래를 물들이는 녀석들이 있다. 혈기왕성하고 성숙되게 성장한다. 끓어오르는 젊은 혈기를 감당하기 어려워 옷 벗어버리고 추녀 아래 매달려 삶을 배운다. 인생의 떫은맛을 숙성시켜 오직 진수로 단맛만을 남긴 곶감으로 탈바꿈한다. 하얀 분을 바르고 떠나갈 준비를 한다.

같은 환경 같은 조건에서 성장은 했지만 철없이 까불고 사고뭉치였던 녀석들도 있다. 어쩔 수 없이 침지하여 자성의 시간을 갖게 하고 인성을 지니게 만들어 재탄생하게 한다. 단점을 장점으로 승화하여 새 인생을 살게 해준다.

오직 열매를 잘 키우고 지켜내려는 일념으로 하늘만 바라보고 믿고 의지하며 살아왔던 세월이다. 이제 모두 떠나보내고 홀가분한 마음으로 어느 누구 의지하지 않고 자신만의 인생을 살게 되었다. 열매에 대한 걱정을 털고 아름다운 몸 가꾸기에만 치중하며 살고 있다. 이젠 다른 곳도 바라보며 내가 살아온 세상만이 전부가 아닌 또 다른 세상이 있다는 것을 보고 느끼고 있다. 그곳으로 점점 물들어가고 배워가며 바뀌어가고 있다.

우리도 이제 아들딸 출가시키고 홀가분하게 둘만의 인생을 즐긴다. 왕성했던 젊은 시절을 지나 황혼기로 물들어가며 갖은 평지풍파를 겪으며 살아왔던 세월이었다. 낙엽이 되기 전에 아름다운 단풍으로 오래도록 머물고 싶다.

겨울. 하얗게 가지 위에 눈이 덮여있다. 백발의 노인이다. 그 광경을 바라보며 생을 마감하고 태어나기 전 원점으로 돌아가 잔디를 뒤집어쓰고 있는 산소같이 보인다. 저기 밭둑에 서있는 감나무에서 인생의 시작과 끝을 본다. 한 생명이 왔다가고 또 한 생명이 새롭게 왔다가고 시작과 끝의 반복이다.

감을 다 떠나보내고 홀가분하게 서있는 감나무에서 나를 본다. 아들딸 출가시키고 홀연히 둘만의 인생을 즐기고 있는 우리 내외가 보인다. 황혼기로 물들어가는 아름다운 모습이다. 지난 세월 속의 고통은 잊고 즐거움만 기억하며 아름답게 서 있다. 낙엽 지기 전에 아름다운 단풍으로 오래도록 머물러 있고 싶다.

앙상한 가지만 남은 감나무는 또 다른 삶을 맞이할 준비를 서두르며 눈보라를 이겨낼 것이다. 출가한 우리 아들딸들도 내가 살아왔던 것처럼 힘차게 인생을 살아갈 것이다. 희로애락을 겪으며 또 다른 생을 준비하는 아들딸들을 성장시켜 떠나보낼 것이다. 그것이 진정한 인생일 것이다.

내가 살아온 인생이 최고였고 전부였는지 알고 살아왔다. 또 다른 세상이 존재한다는 것을 알게 되었다. 그리고 느낀다. 감나무를 바라보노라니 내 인생의 다음에는 더 멋진 인생이 있다는 것을 깨닫게 된다.

생의 중심에서 벗어나

지난해 가을에 떨어져 수북이 쌓였던 낙엽이 자리를 비켜선다. 그러자 기다렸다는 듯 일제히 새싹들이 돋아나 자리를 차지한다. 겨우내 이불이 되어 주었던 낙엽들이다. 이제 그들은 임무를 마쳤고 다음 세대가 자리 잡고 살아갈 것이다. 그렇게 돌고 도는 셈이다. 영원할 것 같았던 그들은 때가 되면 비켜서고, 자연스럽게 다음 세대로 넘어간다. 기회를 엿보며 기다리다 자리매김하고 다음 세대가 이어 받는다.

어둠을 밝히는 해가 나뭇가지 사이로 집안을 들여다본다. 식탁에 앉은 부부는 방금 밭에서 수확해 온 채소들을 넣고 끓인 된장찌개를 아침상에 올린다. 멀리 내려다보이는 마을의 아침 풍경이 반찬으로 추가된다. 그래도 맛있게 먹는다. 입으로는 밥과 된장찌개를 먹고 눈으로 주변의 자연경관을 함께 먹기 때문이다. 바쁘게 살아왔던 지난날에는 생각조차 하지 못했던 여유로운 아침 식사다. 입가에 커다란 미소가 그려진다.

생의 중심에서 바쁘게 살아올 땐 느끼지 못했던 행복한 시간이다. 지친 몸을 간신히 일으켜 세워, 밥 한술 뜨는 둥 마는 둥하고 출근하기 바빴었다. 나 아니면 안 되는 줄 알고 열심히 하루를 뛰어다녔었다. 때로는 퇴근 시간이 훨씬 지날 때까지 업무에 매달린 적도 한두 번이 아니었다. 휴일을 잊고 살기도 했었다. 가족과 함께 들로 산으로 나가 지친 몸에 휴식을 주어야 하지만, 그럴 시간적 여유가 흔치 않았었다. 일에 욕심이 많았던 때문일까, 아니면 내가 아니면 안 된다는 지나친 충성심 때문이었을까.

이제 다 내려놓았다. 다음 세대로 넘겨주고 조용히 살기 시작했다. 시골에 있는 논밭을 가꾸러 다니면서 인생의 다른 맛을 보기 시작했다. 내가 아니면 돌아가지 않으리라 여겼던 직장은 내가 있을 때보다 더 잘 돌아간다. 한편으론 반갑고 다른 한편으론 서운하기도 했다. 나란 존재가 서서히 잊히기 때문일 게다. 지나친 걱정 탓이었다. 이제 이런저런 걱정 다 접고 자연에 묻혀 자연과 함께한다.

중심에서 벗어난 인생을 흔들림 없이 살게 됐다. 마음을 다스려준 일등 공신은 바로 논과 밭의 작물들이다. 그들도 나와 같이 하나의 사이클을 도는 생을 살고 있다. 태어나 자라고 늙고 죽게 된다. 그 원리를 깨우치고 생의 가운데를 벗어나게 됨을 서운하게 받아들이지 않게 되었다. 중심에서 뛰어 보았고 이젠 물러서서 또 다른 중심을 찾고 있는 것이다. 바로 내가 서있는 이 자리가 중심이란 걸 깨닫게 되었다. 이제는 비켜서지 않아도 된다. 비켜서라고 종용하는 이도 없다. 재촉하는 사람도 없다. 내가 하고 싶으면 하고 하기 싫으면 안 하면 된다.

어느 날 수십 년을 땀 흘리며 지내던 직장을 찾아간 적이 있었다. 낯설었다. 다른 세상에 찾아와 홀로 서 있는 느낌이었다. 찬바람 몰아치는 한겨울의 중심에 서있는 나를 발견하고 깜짝 놀랐다. 이제 이곳은 내가 찾아올 곳이 아니라는 걸 알게 되었다. 그렇게 열심히 비가 오나 눈이 오나 오고가던 곳인데, 이제는 아니라는 것을 깨달았다. 아는 사람도 눈에 띄지 않았다. 모든 것들이 낯설기만 했다. 이젠 더 이상 미련을 두지 않기로 마음먹었다. 새 세대에 넘겨주고 나는 내 길을 가기로 했다. 아마도 흘러가버린 삶의 흔적을 아쉬워하며, 돌아보고 싶었던 마음에서 그랬을 것이다.

얼마 전 심었던 감자와 옥수수가 뾰족이 얼굴을 내밀었다. 우리 밭의 새내기들이다. 신입들은 낯선 환경에 수줍어한다. 그러다 곧바로 적응하고 내가 언제 그랬냐는 듯 활발히 활동한다.

자신의 목소리를 내고 점점 소리를 높인다. 자신의 주장을 세운다. 그러면서 자라고 성숙하면 결과를 맺는다. 웃고 울며 지지고 볶고 그것이 인생이다. 그러면서 세월이 흘러가고 왕성했던 세대들이 또 물러날 것이다. 지난해에 수확을 마치고 베어낸 옥수숫대가 밭둑에 넘겨져 있다. 그들은 새로 돋아난 옥수수 새싹을 바라보며 무엇을 느낄까? 부러워할지 아니면 너희도 곧 내 신세가 될 것이다 할 것인지가 궁금하다.

아침식사를 마치고 언덕 위에 설치한 평상에서 아내와 차를 마신다. 여유로운 하루의 시작이다. 오늘 하루 무엇을 할 것인지 논한다. 서로 업무 분장을 한다. 아내는 고구마 싹 심을 준비를 하겠다고 했다. 나는 고추 모종할 자리에 퇴비를 넣고 고랑을 설치하겠다고 했다. 혼자 하려면 힘드니까 함께하면 어떠냐고 한다. 결국 함께 하기로 했다. 아침 업무 회의를 마치고 함께 작업을 시작했다. 콧노래를 부르며 즐거운 일과를 함께 했다. 서로 얼굴에 맺힌 땀방울을 닦아 주어가며 쉬엄쉬엄 하루를 보냈다. 중간에 물과 음료도 마셔가며 퇴근 시간에 다다랐다. 농부의 퇴근 시간은 해가 결정해준다. 저녁노을이 이마에 닿을 무렵 일손을 마치고 하루를 정리한다.

세월은 기다려주지를 않는다. 바쁘게 살아가고 있는 사람들을 자신도 모르는 사이에 생의 밖으로 벗어나게 만든다. 누구도 모르게 은밀하게 밀어낸다. 느꼈을 때는 이미 늦었다. 적응하지 못하고 방황하는 사람들이 많이 있다. 당황스럽고 나락으로 빠져든다. 바쁘게 살아오느라 미처 준비도 하지 않은 상태에서 맞이한 상황이라, 혼란에 빠지고 만다. 좌절감에 빠지고 갈피를 잡지 못한다. 오라는 곳 없고 갈 데도 없다. 무엇을 해야 할지 그저 막막할 따름이다.

내 인생의 정점은 지나고 다음 세대가 차고 오른다. 그들은 가진 역량을 다해 자신의 삶을 위해 최선의 노력을 다한다. 그런 가운데 세월은 걷잡을 수 없이 흘러 또 다른 세대를 맞이한다. 우리들에게 주어진 시간은 야속하리만치 빠르게 흘러 중심에서 놀고 있던 우리를 어느새 저만큼 밀쳐낸다. 받아들여야 할 운명이다.

이제 이 사회는 자식 대에 넘겨주고 우리는 그들을 조용히 지켜보며 나에게 주어진 인생의 길을 걸어가면 되겠다. 왕성했던 패기는 접어두고 그동안 쌓아온 경험을 토대로 새 인생을 만들어 나가야 하겠다. '오늘이 가면 내일이 온다.'가 아닌 '오늘을 노력해서 내일을 만들자.'로.

관중석에 앉아 경기를 지켜본다. 나름대로 재미있다. 언제까지 선수일 수는 없다. 자리를 내주고 관중석으로 올라왔다. 내가 아닌 모두가 한눈에 들어온다. 생의 중심에 있을 땐 느껴보지 못했던 전체를 볼 수 있게 되었다. 벗어나야 비로소 보인다.

멈추어진 세월

세월호의 침몰 소식을 전해 들었다. 탑승객 중 구조된 사람보다 실종자가 거의 배에 달하였다. 세월호를 타고 세월을 즐기려고 여행을 가다 참변을 당한 것이다. 그때부터 세월호의 시간은 멈추어졌다. 인명구조도 소홀했고, 곧 구조선이 도착할 테니 기다리고 있으라는 방송만 듣고 마냥 기다리고 있다가 희생된 사람들이 안타깝다. 이를 무시하고 먼저 탈출한 사람들은 모두가 구조되었다. 생과 사의 갈림길이 순간의 선택에 갈라진 것이다.

선장과 승무원은 비겁하였다. 배가 위기에 처하게 되면 승객들을 먼저 구출해야 한다. 구명조끼를 착용하게 하고 구명보트를 띄워 빠른 시간 내에 탈출을 시켜야 한다. 그런데 이번 세월호에서는 승무원들이 먼저 탈출했다고 한다. 그래서 실종자가 그렇게 많았다고 한다. 시간은 충분했다. 승무원들이 재난 대응 훈련을 제대로 받고 행동했다면 모두를 구출했을 것이다. 사전에 아무런 준비가 없어 많은 희생자가 발생하였다.

정부의 대응도 무능하였다. 전쟁이 발발했거나 홍수, 폭설, 지진, 산불 등 국가적 재난을 만났을 때 취하는 재난 대응 매뉴얼을 갖추고 있다. 대피 요령과 인명구조 활동 요령을 평상시 훈련을 통해 사고 발생 시 적용하도록 지휘 감독을 철저히 했어야 한다. 현실은 어떠했는가. 훈련은 마지못해 대충하고 각본은 형식적으로 만들어져 있다고 한다. 그러니 대형사고가 발생하면 방향을 잃고 우왕좌왕 갈피를 잡지 못한다. 이를 지켜보아야 하는 나는 마음이 아파 며칠 동안을 밥도 제대로 먹지 못했다.

지난 대선 때 국민의 안전을 최우선 국정과제로 제시했었다. 그래서 행정안전부를 안전행정부로 이름도 바꾸었다. 지난 2월에 경주 마리나오션 리조트 지붕이 붕괴되어 10명이 숨지고 100여 명이 다치는 참사가 발생했었다. 이번엔 세월호가 침몰하는 대참사가 발생한 것이다. 대통령에게 안전한 국민 행복시대를 만들겠다고 보고한 지 두 달 만에 발생한 사고이다. 장차 이들 중에서 대통령 장관 등 중요한 인물들도 나올 수 있는 어린 학생들이 죽음으로 내몰린 것이다.

세월호 참사는 막을 수 있었던 인재였다. 저시정경보 2급이 발효된 시점에서 2시간 30분이나 지연 출항하였다. 출항 허가 자체가 불법이라고 한다. 그리고는 도착 시간을 맞추기 위해 지정 항로를 이탈하여 과속운항을 했다고 한다. 당국의 철저한 관리 감독 하에 선사가 규정대로 운항하였다면 이번 사고는 발생하지 않았을 것이다.

지금은 누구를 탓하고 있을 때가 아니라 온 국민이 힘을 모아 실종자 구출에 총력을 기울여야 하겠다. 내 주장만 앞세우지 말고 서로 조금씩 양보하여 실종자 구출 작업이 원만하게 진행될 수 있도록 협조해야 하겠다. 아픔은 나누면 반이 된다. 안타깝게 희생된 어린 생명들 앞에 그들을 구출하지 못한 우리 모두는 죄인이 되었다. 태어나 꿈을 펼쳐보지도 못하고 안타깝게 희생된 그들을 지켜주지 못한 죄스러움을 마음속 깊이 반성해 본다. 그들의 세월은 세월호를 타고 이젠 영원히 멈추어졌다. 안타깝다. 저세상에 가서는 안전한 행복을 누리며 살아가길 두손 모아 기도한다.

(2014. 05. 12.)

나무와 인생

달은 밤마실을 나갔는지 별빛만 흐릿하니 어둡다. 하던 일이 늦어져 어둑어둑해질 때서야 집으로 출발했다. 어두움에 길조차 흐릿하다. 무서움에 떨며 마을 입구에 도착하자 큰 느티나무가 맞이해 준다. 반가워야 할 느티나무가 무섭게 느껴진다. 몸에 새끼줄을 둘둘 감고 있어 더욱 무섭다. 평소엔 친근감이 드는 마을 수호목인데 오늘따라 유난히 무섭게 맞이준다. 오는 동안 길가에 가로수가 많이 있었는데 의식하지 못했었다. 마을에 다다라 마을을 알려주는 느티나무인지라 반가워야 하는데 그렇지가 않다.

우리는 태어나면서부터 나무와 함께해 왔다. 제일 먼저 금줄에 숯을 매단다. 첫 만남이다. 성장하며 나무로 자치기를 하고 대나무로 물총을 만들어 물놀이를 했다. 학교에 다니기 시작하면서 식목일이 되면 학교 주변에 나무를 심고 가꾸는 일을 했다. 그 나무들은 우리와 함께 성장하여 꽃과 과일 목재 땔감을 공급해 주어 생활에 즐거움을 안겨 주었다. 언제나 우리 주변에서 밀접한 관계를 갖고 함께 해오고 있다.

나무는 항상 우리 곁에서 함께 생활해 오고 있다. 도움을 주려고 있는 것은 아니지만 인간과 밀접한 관계를 유지하고 공존하며 살고 있다. 사람이 있는 곳에 나무가 있다. 아니 나무가 있는 곳에 사람이 있다. 사람의 생활 터전으로 집을 짓고 나면 주변을 나무로 조경을 한다. 집을 한층 돋보이게 한다.

나무는 우리를 따뜻하게 해준다. 옛날 우리들의 땔감은 유일하게 나무였다. 추운 겨울이면 너도나도 지게를 짊어지고 산에 올라 땔나무를 한 짐씩 해온다. 밥을 해먹고 군불을 때고 거기에서 나온 숯을 화로에 담아 방안에 두고 고구마를 구워 먹으며 긴 겨울밤을 따뜻하게 지냈다.

마구잡이로 나무를 베어다 땔감으로 사용하다 보니 산마다 민둥산이 되었다. 인간의 지나친 욕심이 부른 결과다. 그 결과 피해는 산사태와 홍수로 인간이 떠안게 되었다. 늦었지만 그때부터 삼림보호를 외치며 나무심기 운동을 전국적으로 실시했다. 서로 상호관계를 갖고 베고 심었어야 했는데 욕심 없는 나무를 인간이 너무 학대하고 이용한 결과였다.

나무를 심고 가꾸는 데는 인내심이 필요하다. 낚시와 인생은 기다림이라 했다. 수백 년을 살아가는 나무는 더한 인내심을 가지고 심어야 한다. 오늘 내가 심은 나무는 다음 그 다음 대를 보고 심어야 한다.

나무도 정서가 있다. 즐거울 땐 웃으며 춤을 추고 슬플 땐 눈물을 흘린다. 집안이나 마을에 좋지 않은 일이 생기면 나무도 슬픔에 젖어 가지를 축 늘어뜨린다. 마을 수호신으로 마을을 지켜왔고 재앙이 다가오면 며칠 전부터 신호를 주어 이를 미리 방지할 수 있도록 했다는 전설도 전해온다.

태어나 숲과 처음 인연을 맺고 일생을 살다가 늙어 죽게 되면 산에 매장을 한다. 그렇지 않으면 화장하여 나무 아래 묻히게 된다. 곧 나무 곁으로 돌아가는 것이다. 우리네 인생은 살아서나 죽어서나 나무와 함께하고 있다. 한 가지 그들은 인간보다 수명이 길어 우리 인간들의 삶을 내다보며 지난날과 같은 과오를 또 범하지 않게 지켜주고 바른 길로 인도해 주고 있다. 우리 인간에게 신과 같은 존재라 볼 수도 있겠다.

3. 사라져가는 별

그림으로 그려본 가족 | 사라져가는 별 | 산 너머 나무 한 그루
내 안에 존재하는 나 | 은행잎에 기록된 사연
자연 약국 | 달력 | 피아노 | 땅 | 가뭄

그림으로 그려본 가족

장작불이 활활 타오르고 있다. 뜨거운 태양보다 더 뜨겁게 타오르고 있다. 농막에 설치한 화덕 앞에 앉아 장작불을 때서 잘 익은 옥수수를 삶고 있다. 그 모습에서 옛날 소죽을 끓이시던 할아버지의 모습이 그림 되어 나타난다. 옥수수 삶는 냄새가 소죽 끓이는 냄새와 비슷하다. 얼마 후 잘 익어 김이 모락모락 오르는 옥수수를 쟁반에 담아 들고 방으로 들어오는 모습에서 할아버지에 대한 그리움이 깊어진다.

할아버지는 사랑채의 가마솥에 장작불을 지펴 소죽을 끓이셨다. 볏짚 썰고 들에서 갓 베어온 풀과 호밀가루를 섞어 넣은 후 구정물을 붓고 냄새도 구수한 소죽을 끓여 아침저녁으로 소에게 먹였다. 할아버지의 겨울철 하루 일과가 나무 해오고 소에게 죽을 끓여 먹이는 것이었다. 할아버지가 소죽을 끓이기 시작하면 우리들은 따뜻한 아랫목에서 둘러앉아 할아버지가 들어오시기만을 기다렸다. 소죽을 퍼 주는 동안 할아버지는 우리들에게 줄 고구마를 굽고 계셨기 때문이다.

양재기에 군고구마를 담아들고 할아버지가 들어오신다. 우리들은 누가 먼저랄 것도 없이 받아들고 뜨거운 고구마를 호호 불며 먹기 시작한다. 입천장이 데일 정도로 뜨거운 고구마를 허겁지겁 먹어치우고 얼른 또 하나를 집어 든다. 늦으면 차례가 돌아오지 않기 때문이다. 그런 우리들의 모습을 할아버지는 인자한 모습으로 바라보며 웃고 계셨다.

빨건 장작불을 보면 군고구마와 구운 감자, 구운 옥수수가 생각난다. 아내가 잘 삶아진 옥수수를 쟁반 가득 들고 와 먹자고 한다. 벌써 구수한 옥수수 향이 방안을 가득 채운다. 옛날 할아버지의 냄새다. 아니 어쩜 소죽의 냄새일지 모른다. 경쟁하던 동생들은 없지만 한 개의 옥수수라도 더 먹으려고 이야기도 하지 않고 정신없이 먹는다. 맛을 음미해가며 천천히 먹어도 되는데 누가 빼앗아 먹을세라 허겁지겁 먹기만 한다. 한참을 그렇게 먹다가 옆의 아내를 흘끔 쳐다보니 빙그레 웃으며 바라보고 있다. 옛날 할아버지가 우리들 먹는 모습을 바라보며 웃고 있는 그림 그 자체다. 공연이 쑥스러워 히죽 웃었다.

먹을 게 귀했던 그 시절의 그 맛은 아니지만 아내가 불 지펴서 삶아준 오늘의 옥수수도 맛있다. 지난 세월을 떠올리게 하는 맛이라 더욱 맛있다. 화덕에서 타고 있는 장작불만 보아도 그 맛을 알 수 있을 것 같다. 화덕의 맛인지 장작불 맛인지 아니면 지난 세월의 맛인지 구수함이 전해지는 달달한 맛이다.

옥수수를 먹다보니 숯불이 빨갛다. 생옥수수를 집어 들고 달려가 숯불 속에 묻었다. 시간이 흐를수록 옛날 아궁이에서 들려오는 고소한 냄새가 진하게 전해진다. 그 냄새 속에서 할아버지의 향기가 살아나고 있다는 걸 느낄 수 있었다. 마음은 어느새 어린 시절의 그림 속으로 빨려들어가고 있었다.

화덕 앞에서 불을 때고 있는 아내의 뒷모습에서 어린 시절 정겨움이 떠올려지는 맛을 보았다. 지금은 모두 뿔뿔이 흩어져 살고 있지만 늘 곁에 함께하고 있는 것 같은 가족들의 모습이다. 다시는 그려낼 수 없는 추억 속에 피어나는 가족의 그림이다. 추억을 먹고 살 수는 없지만 추억을 떠올리며 살아갈 수 있기를 바랄 뿐이다. 언제나 그립고 보고 싶은 가족의 그림 속으로 여행을 즐겨본 소중한 시간이었다.

(2018. 7. 24.)

사라져가는 별

어린 시절 밤하늘엔 헤아릴 수 없이 많은 별이 쏟아질 듯 반짝였다. 하늘이 유난히 파랬다. 그 파란 하늘에 별들이 수놓고 있었다. 아름다운 사람과 별빛을 따라 걸으며 대화를 나누면서 밤을 지새웠다. 별들이 긴 꼬리를 달고 길옆 연못이나 시냇물 속으로 사라지면 아침이 밝아온다. 그랬던 하늘이 이제 점점 별이 사라져가고 별보기가 어려워졌다.

어제도 오늘도 한 사람 한 사람씩 죽어간다. 우리 곁에서 사라진다. 그 자리를 채우려고 새 생명이 탄생한다. 사라지고 채워지고 전체 숫자는 변함이 없을 듯하다. 어느 해부터인가 저출산으로 인구가 줄어들고 있다고 했다. 이와 같은 현상인가 밤하늘의 별들도 점점 줄어들고 있는 듯하다. 빈틈없이 들어찼던 별들이 이 빠진 아기의 이빨처럼 듬성듬성해졌다. 스타 탄생이 옛날보다 못한 탓인가 보다.

논밭둑길을 걸으며 별과의 추억을 만들었었다. 하지만 지금은 논밭둑길이 사라지고 없다. 논밭을 걸어다니는 사람은 없고 농기계가 다니기에 충분한 농로로 변화했기 때문이다. 시대의 변화 속에 별을 헤는 사람은 사라지고 관심 밖으로 밀려난 별들은 빛을 잃어가며 사라지고 있다. 요즘 소년소녀들은 별 대신 노래방과 게임방 스마트 폰으로 별을 따고 있기 때문이다.

인류를 위해 공헌했던 별들이 세월 따라 흘러간다. 우리 곁에서 하나 둘 사라져 간다. 그 별들이 사라진 자리를 대신할 별이 나타나지 않는다. 그래서 처음엔 걱정하다가 이내 잊혀간다. 혹 다른 별이 역할을 대신하더라도 관심 밖으로 밀려난다. 모두의 우상인 별이 되어야 하지만 쉽게 떠오른 별은 별 볼일 없다. 누구나 별이 될 수 있는 건 아니기 때문이다.

별은 진다. 별이 빛을 발하고 있어야 별이지 지는 별은 별이 아니다. 인간은 삶이 왕성할 때 인간 대접을 받는다. 늙고 병들면, 아니 죽고 나면 뒤로 밀려나고 잊혀간다. 빛을 잃으면 생명을 다한 것이다. 한 번 진 별과 사람은 다시 떠오르지 못하고 사라지고 만다.

얼마 남지 않은 별. 저 별은 과연 언제까지 우리 곁을 지켜주고 함께할 수 있을까. 죽고 태어나기를 반복해야 하건만 죽기만 하고 태어나지를 않는다. 별도 수명을 다하면 없어지고 다시 만들어져 세대교체가 이뤄져야 한다. 그래서 항상 그 상태를 유지한다.

누구든 스타가 되어 보려고 노력한다. 밤하늘에서 반짝이는 별처럼 모두가 우러러 보는 스타가…. 그러나 마음먹었다고 모두가 되는 건 아니다. 자기 분야에서 남보다 우월함을 나타내야 스타로 탄생한다. 점점 사라져가는 별이 아닌 다시 떠오르는 별로 모두에게 존경받는 아름다운 별로 빛을 발하며 자리를 지켜야 한다.

우리 시골 마을은 한때 많은 사람들로 북적였다. 이제는 모두 떠나가고 몇 가구만이 살아가며 마을의 명분을 이어가고 있다. 밤에 마을을 바라보면 불켜져 있는 집이 몇 집 없다. 마치 생명을 다해 지고 없는 밤하늘의 별들처럼 텅 빈 하늘 같다. 한때는 하늘을 가득하게 수놓았던 별처럼 화려했던 마을의 쓸쓸한 모습이다. 유성이 흐르는 하늘과 달리 가로등이 그들을 지켜주고 있다.

산 너머 나무 한 그루

가을걷이를 끝내 텅 비어있는 밭에서 한 해를 돌아본다. 봄부터 로터리 치고 비닐 피복하여 씨앗을 심고 물주며 가꾸고 잡초를 뽑아주던 밭이다. 모두 수확하고 쓸쓸히 찬바람만 간간이 지나친다. 왠지 스산하다. 이때 산 너머 저편에서 누군가가 지켜보고 있는 느낌이 들었다.

이웃집에서 소리가 담장을 넘어오면 무슨 일인가 넘겨다본다. 담장보다 키가 작으면 까치발을 하고 바라본다. 맛있는 음식을 하면 서로 담장 너머로 넘겨주며 나눠 먹는다. 냄새가 먼저 넘어와 몰래 먹을 수가 없다. 그러면서 이웃과 정이 쌓여간다.

산 너머에 있는 나무 한 그루가 이웃 골짜기 사는 모습이 궁금했던지 산등성 위로 키를 키워 엿보고 있다. 그때 처음 산 너머 세상을 보았을 것이다. 누가 무엇을 하고 뭐가 심겨 있나 궁금했나 보다. 넘겨다보고 보다 나은 기술을 습득하고 배우려고 한다.

내가 태어나 자란 곳은 시골의 조그마한 산골마을이었다. 산으로 둘러싸여 있어 하늘만 빠끔한 곳이다. 산 너머 세상은 보이지 않고 밤하늘 별들만 반짝이는 곳이었다. 그곳을 벗어나 보지 못하고 자란 탓에 다른 큰 도시를 구경도 해보지 못하고 자랐다. 논두렁이나 밭둑을 뛰며 노는 것이 고작이었다.

그러다 어느 해인가 서울로 수학여행을 가게 되었다. 처음 기차를 타게 됐고 얼마를 달려 서울역에 도착했다. 수많은 차들이 지나다니고 시골 앞산보다 높은 빌딩들이 늘어서 있어 눈이 휘둥그레지고 정신을 차릴 수가 없었다. 바로 도착한 곳은 남산이다. 케이블카를 타고 하늘을 날아 순식간에 정상에 도착했다. 그곳에서 지금까지 상상조차 해보지 못했던 엄청난 세상을 만났다. 크다. 커도 너무 크다. 입이 다물어지지를 않는다.

수학여행에서 돌아온 나는 집과 학교에서 자랑하느라 시간 가는 줄 몰랐다. 자동차가 줄지어 오가는 개미보다 많고, 차가 하늘을 날고, 산보다 높은 빌딩을 보았고, 자장면을 먹었는데 단무지가 맛있었다는 등 입에 침이 마르도록 자랑을 했다. 처음 접한 세상이 신기하기도 하고 긴장은 됐지만 두렵지는 않았다.

그 후 내가 사는 시골이 답답하게 느껴져 상급학교 진학은 도시로 나가기로 결심하고 더욱 열심히 공부했다.

저 너머에서 우리를 바라보고 있는 나무도 나의 심정과 같았을 것이다. 오죽 답답했으면 산 너머 세상을 넘볼 생각을 했을까. 다른 나무에 비해 생각이 많은 나무였었을 것이다. 누구든 생각하지 않는 발상을 하고 넘겨보며 배우고 자신을 넓혀나가려는 노력이 있기에 나와 눈이 마주친 것이다. 그때까지 나는 그가 바라보고 있다는 것을 알지 못하고 있었다.

내 골짜기에 국한되지 않고 산 너머 쪽 골짜기의 상황을 엿보려는 나무의 도발정신이 있었기에 가능한 일이다. 우물 안 개구리에 국한되지 않고 보다 넓은 세상을 바라보며 하나라도 더 배우고자 하는 나무의 도발이 시작된 것이다. 다른 세상의 문물을 배워 내가 사는 곳에 접목시키려는 큰 꿈을 키우려고 산 능선 위까지 키를 키우고 넘겨다보고 있었던 것이다. 그래도 보이지 않는 곳이 있으면 까치발까지 하고 넘겨다보고 배울 기세다.

이제 내일부터는 밭에서 혼자 일을 해도 외롭지 않을 것 같다. 산등성 너머에서 지켜보고 있는 나무가 있기 때문이다. 가끔 힘들 때 서로를 바라보며 위로하고 힘을 줄 것이다. 바람이 부는 날에는 춤을 추며 응원도 해줄 것이다. 우린 이제 인생을 함께하는 친구가 되었다.

내 안에 존재하는 나

내 안에 많은 것들이 존재한다. 지금까지 살아오면서 수많은 것들을 담아왔다. 그중 잊고 싶은 것들도 많지만 왠지 버리지 못하고 차곡차곡 쌓아 두었다. 오히려 기억하고 간직하고 싶었던 일들은 하나 둘 기억에서 사라졌다. 이제 내게 남은 것은 무엇인가. 되돌릴 수 없는 아픈 상처들뿐인가. 차라리 다 비워버리고 싶다.

내가 태어났던 날은 모두가 좋아했을 것이다. 단 한 사람만이 산통으로 고통을 겪고 있었을 것이다. 이러하듯 나의 시작을 나는 알지 못했다. 귀여움을 독차지하며 내가 주변을 인식하기 시작한 시점 이전의 나는 내 기억 속에 없다.

내가 나를 알기 시작한 것은 내 주변의 사물을 느끼기 시작했을 때부터였을 것 같다. 가족, 친척, 이웃, 마을, 지역, 나라, 세계. 이렇게 모든 것을 알게 됐지만 정작 내가 나를 알지 못하고 지금까지 살아왔다. 이제야 비로소 알게 되었다. 내 안에 나와 같은 내가 있다는 것을. 같은 나이지만 겉과 속이 다르다. 같은 듯 다른 나다. 성격과 생각, 추구하는 방향성 욕심 모두가 다르다. 무엇이든 다 차지하고 싶어 하고 지기 싫어한다. 내가 최고라는 생각으로 가득 차 있고 부끄러움도 모르고 모든 것들을 독차지하려 한다. 형체를 볼 수 없다는 이유로 하고 싶은 것들을 다 하려고 한다.

다른 듯 같은 나는 다행히 궁합은 잘 맞는다. 그래서 지금까지 별다른 문제없이 함께 잘 살아왔다. 같이 오래 살아와서 그런지 서로를 이해하고 협조를 많이 하며 살아가고 있다. 서로 진정시키며 다독여주고 감싸준다. 서로를 잘 알고 있기에 말하지 않아도 서로 통한다.

내가 잠든 사이 나는 나를 빠져나와 이곳저곳으로 나다닌다. 여행도 다니고 오랜 친구도 만난다. 먼저 떠나가신 조상님들도 가끔 만나 가족의 끈이었음을 확인한다. 정처 없이 날아다니며 세상 간섭을 다 하고 다니기도 한다. 때로는 무서움에 떨기도 하고 슬픔에 젖어 흐느끼기도 한다. 육체와 떨어져 있기에 홀가분하게 어디든 마음껏 다니며 하고 싶은 것들을 다 하고 다닌다. 그러다 밤새 바닷속에 잠겨있던 태양이 바닷물을 탈탈 털어내며 솟구쳐 오를 무렵이면 나는 다시 내 안으로 돌아와 아무 일 없었다는 듯 시치미 뚝 떼고 일어난다.

존재를 인식할 수는 없지만 그래도 느껴지는 나다. 갈등을 갖지 않고 한마음으로 살아갈 때 내가 돋보일 것이다. 내가 나를 무시하고 존재를 인정해주지 않는다면 내가 나를 죽이는 것이나 다를 바 없다. 서로의 존재를 인정하고 존중하며 살아간다면 나의 앞날은 밝아올 것이다.

언제나 함께인 나와 나. 내가 나를 버리고 떠나는 날이 내 인생의 마지막 날이다. 그때가 언제일지 모르지만 서로를 위해서 노력하며 살아보아야 하겠다. 누가 먼저 배신하게 될지도 궁금하다. 배신하지 않게 서로를 신뢰하며 살아가야 하겠다. 늦게 알게 된 나이지만 이제라도 서운하지 않게 잘 보살피며 살아가겠다. 만나서 반갑다. 우리 오래도록 함께 즐기며 살아보자.

은행잎에 기록된 사연

그곳에 가면 처녀귀신이 있다. 일행을 태운 자동차는 거친 숨을 몰아쉬며 고갯마루에 올라섰다. 주변이 음산하다. 갖은 풍상을 견디어온 고목나무 한 그루가 우뚝 솟아있다. 오래전까지 이곳엔 귀신이 있다고 전해져왔다. 실제로 보았다는 사람의 말에 의하면 비가 부슬부슬 내리는 날 어둑어둑해질 때 라이트를 켜고 고개에 올라서면 소복에 긴 머리카락 휘날리며 여인네가 앞을 가로막아선다고 했다. 그래선지 고갯마루에 오르면 등골이 오싹해진다.

얼른 지나쳐 내리막길을 다 내려오면 조그마한 시골 마을이 나타난다. 여기서 산길로 접어들어 굽이굽이 돌고 돌아 저수지도 지나고, 계곡을 흐르는 맑은 물을 벗 삼아 단풍을 즐기며 한참을 달려들어가면 영국사 들머리이다. 일주문이 없는 영국사의 일주문을 대신하듯 천년 세월을 간직한 은행나무가 속세에서 온 중생을 받아들인다.

힘겨운 오르막길에 데워진 얼굴을 식혀주는 바람이 지나간다. 은행잎이 가늘게 떨며 그동안 찾아왔던 불자들이 놓고 간 원성을 들려주는 듯하다. 찾아와 늘어놓고 가는 사연을 모두 간직하고 머금은 채 자리를 지키고 있다.

은행나무 일주문을 지나 무상무념으로 걷다보니 어느새 대웅전에 도달했다. 낡은 단청이 천년고찰을 일러준다. 법당에 들어서자 그 엄숙함에 감히 올려다보지 못하고 불전함을 거쳐 부처님 전에 예를 올린다. 나는 누구, 여긴 어디, 마음속에 간직했던 의혹을 법당에 남겨두고 대웅전 앞마당에 내려선다.

대웅전 앞에 서있는 삼층석탑으로 걸음한다. 그 옆에 세월만큼 오래된 단풍나무가 서있다. 탑을 돌며 소원을 빈다. 무겁던 발걸음이 점점 가벼워지고 곧 비천문상처럼 구름을 탄 선인이 되어 하늘을 나는 기분이다. 가벼움으로 변한다. 나의 기도가 이르렀음인가. 얼마나 많은 이들이 이곳을 찾아 돌고 돌며 소원을 빌었을까. 간절함이 묻어나는 그들의 기도는 희망을 갈구하는 애절함일 것이다.

속리산 법주사의 말사로 비록 작은 사찰이지만 5점의 보물과 천연기념물, 충북 유형문화재를 간직하고 있다. 작은 거인처럼 작지만 큰 가치를 지니고 있다. 천태산을 찾는 등산객들도 하산 길에 영국사에 들러 보물을 감상하고 대웅전에 들러 참배하고 시원한 물 한잔으로 갈증을 풀고 내려간다.

은행나무를 다시 돌아본다. 가지 하나가 땅에 닿아 뿌리를 내리고 다시 솟구쳐 자라 일주문기둥을 연상케 한다. 일주문이 없는 영국사의 일주문을 대신하고 있다. 사천왕 노릇도 하며 잡귀의 출입도 막아줄 듯하다. 그 앞을 흐르는 계곡물은 수많은 사람들이 내뱉고 간 원한들을 쓸어 담고 흘러내려간다. 버리고 싶은 아픔, 가슴에 품고 있던 원한을 모두 담고 내려가 그들의 한을 풀어주는 듯하다. 천태산이 안고 있는 영국사를 내려오려니 아쉬움이 앞선다. 성속聖俗이 다르지 않다지만 성역聖域에 대한 미련인가 보다.

은행나무 옆을 지나치는데 바람에 노란 은행잎이 떨어져 계곡물에 떠있다. 저 잎 속엔 어떤 사연들이 담겨져 있을까 궁금하다. 혹시 몽매한 내가 주절댔던 말들이 기록되어 있지는 않을까.

그동안 아산시에 거주하는 큰딸네가 걱정이었다. 초등학교에 다니고 있는 손녀 한 명만 낳아 잘 키우고 있었다. 아들이 없으니 은근히 시아버지 시어머니의 눈총을 받는 느낌이 들었었다. 이곳 영국사를 찾을 때마다 아들 하나 점지해 달라고 빌고 빌었다. 노력은 꾸준히 했으나 계속 실패로 이어지다가 어느

날 기쁜 소식이 전해왔다. 임신 5주차라고 했다. 눈물이 핑 돈다. 얼마가 지난 후 또 연락이 왔다. 아들이라고 한다. 감사했다. 속에서 눈물이 난다.

곧 잎을 다 떨군 은행나무는 혹독한 겨울을 맞이하고 새로운 시작을 준비할 것이다. 새봄이 산사에 찾아오면 새 잎을 피울 것이다. 그리고 수많은 잎 속에 구구절절 애환을 담을 것이다. 천년 동안 해왔던 그대로 해마다 많은 불자들의 여린 마음을 다스려줄 것이다.

외손자 백일잔치에 다녀왔다. 모두의 입가에 웃음이 피어난다. 아들이 뭣이기에 저리도 좋아할까. 그러는 내가 제일 좋아했던 것 같다. 한 집안의 평화, 사랑은 자식인가보다. 성비율도 맞아야 하고 가족 구성원 간 이해와 사랑이 깃들어야 행복한 가정을 만들 수 있을 것이다

천태산의 정기를 머금은 영국사. 영국사를 지켜주는 은행나무. 불자들의 이야기가 기록되어 있듯 나의 이야기도 기록되어 뿌리까지 보관되어 있을 것이다. 불국사 석가탑에서 나온 다라니경처럼 차곡차곡 길게 뻗은 뿌리만큼 저장되어 있을 것이다. 힘들고 어려울 때 힘이 되어주려고 하나하나 간직하고 있을 것이다. 마음이 가벼워진다. 근심 걱정이 사라진다. 무언으로 일러주는 깨우침 가슴속에 새겨 담고 영국사를 내려선다.

자연약국

진료 예약이 있어 병원에 갔다. 의사선생님의 진료를 받고 처방전을 받아 약국으로 갔다. 진열대에 가득 정리되어 있는 약들이 산과 들에 가득한 약초들로 보였다. 잠시 후 약사가 조제한 약을 들고 나와 복용법을 설명해 주었다. 약만 보아도 아픈 데가 다 나은 듯했다. 약을 너무 과신하고 의존하는 것은 아닐까 걱정은 된다. 그래도 꼬박꼬박 지시대로 잊지 않고 복용한다.

식후 30분에 약사의 지시대로 약을 복용한다. 먹지 않으면 어떻게 될 것 같아 꼬박꼬박 먹는다. 약에 의존하지 않고 살 수 있는 방법은 없을까 오늘도 노력해 본다. 적당한 운동과 적당한 음식물 섭취, 수분 섭취, 적당한 수면. 노력한 결과는 몸의 변화로 나타날 것이다. 오늘도 가방을 걸머지고 운동도 할 겸 자연 약국을 방문한다.

건강하게 살려고 열심이 운동을 한다. 지금은 백세시대 모두 행복하게 살아가고 있다. 국가에서 건강검진을 철저하게 해주기 때문에 미리 병을 찾아내어 치료하기 때문이다. 몸에 조금만 이상이 있어도 바로 병원을 찾고 진료 받고 약을 복용하기 때문에 웬만한 병은 다 치료할 수 있다.

몸에 좋다고 소문나면 모두 구해서 먹는다. 노화방지, 암 예방, 항산화작용을 한다고 입소문나면 어떻게든 구해서 먹는다. 그래서 요즘 사람들은 늙지 않는다. 나이를 분간하기가 어렵다. 젊어 보인다. 미리 건강 보조 식품들을 섭취하기 때문에 늙지도 않고 병에 쉽게 걸리지도 않는다. 무공해 먹거리만 찾고 유기농으로 재배한 과일과 채소만 고집하기에 건강하게 살아가고 있다.

봄부터 가을까지 산과 들에 나가면 눈에 띄는 모든 식물이 약이다. 봄나물, 여름 과일, 가을 버섯, 모두가 자연이 베풀어주는 선물이다. 약국 진열대에 잘 정리되어 있는 약들과 같이 종류별로 가지런히 정리되어 자란다. 하찮은 풀포기 하나까지 모두가 약이다. 꽃과 줄기 뿌리까지 허투루 버릴 것이 없다.

자연은 거대한 제약회사다. 각종 치료 성분과 신체에 유익한 성분을 갖춘 약초들을 대량으로 생산하고 배출한다. 면역력

증가제, 암세포 억제제, 염증치료제, 혈압 당뇨 조절제 등 필요로 하는 모든 성분의 약들을 생산해내는 제약회사다. 필요한 사람에게 의사의 처방전 없이도 공급해주는 약국이다.

약에 너무 의존해서는 안 된다. 죽을 것같이 아프다가도 약을 먹으면 살아난다. 하지만 그것은 일시적이다. 원인을 찾아 치료받고 처방해야 하는데 우선 코앞에 닥친 위기만 넘기려 한다. 병의 원인을 제거하려고 규칙적으로 운동하여 정신 건강부터 서서히 치료해야 한다. 병을 이길 수 있는 방법은 정신력이다. 죽겠다 죽겠다 하지 말고 나는 할 수 있다 하는 극복의지를 가지면 반드시 병을 물리칠 수 있다.

음식물 섭취를 통하여 면역력을 길러야 한다. 항체를 키우고 긍정적 사고를 지니고 생활한다면 어떠한 병도 찾아오지 못할 것이다. 이미 병에 걸린 뒤 치료를 시작하면 그만큼 몸이 축나고 시간도 많이 걸린다. 미리미리 자연약국을 방문하여 몸에 좋다는 약재를 구해서 효소나 술을 담가 이용하여 효과를 배가시켜 건강을 유지하면 좋겠다. 몸이 허약해지기 전에 미리 건강식품으로 면역력을 키워야 하겠다.

아무리 좋다는 약도 너무 과하게 먹으면 안 된다. 내 몸에 맞는지 맞지 않는지 조금씩 먹어보고 양을 늘려나가야 한다. 몸이 흡수하여 소화시킬 수 있는 적당량을 섭취해야 한다. 자신의 체질에 맞는 약재들을 선택하여 알맞게 섭취하는 지혜가 필요하다. 몸에 좋은 것이라도 무조건 다 좋은 것만은 아니다. 알고 먹어야 하는 것이다. 지나치면 독이 된다.

자연약국에는 모든 약품이 다 진열되어 있다. 영양제, 소화제, 지혈제, 진통제, 치료제, 통증완화제 등 필요로 하는 모든 약들이 진열되어 있다. 약국과 식품점을 겸하고 있다. 언제 어느 때든 필요로 할 때 채취하여 직접 약으로 만들어 먹을 수 있다. 자연 약국은 이와 같이 필요로 하는 모든 사람에게 한없이 베풀어준다.

자연 약국의 약을 복용하려면 그만큼 책임이 따른다. 의사의 처방과 약사의 조제 없이 내가 스스로 조제하여 복용하기 때문에 그에 따른 책임을 부담해야 한다. 사전 지식을 얻고 터득하여 적당량을 복용한다면 문제는 발생하지 않을 것이다. 또한 자연약국이 주는 긍정의 힘을 함께 복용하면 탈보다는 건강이 찾아올 것이다.

자연에서 온 우리는 자연의 섭리에 따리 살아가고 있다. 자연을 거스르면 모든 것을 잃게 된다. 삶은 자연이 지배한다. 자연에 순응하고 자연과 함께 행동하면 건강을 유지하고 행복하게 살아갈 수 있을 것이다. 고마운, 자연 주는 대로 받고 따르리라. 자연 약국은 연중무휴. 언제든 기다리고 있다가 나누어준다.

달력

벽에 걸린 달력 안에 사계가 있다. 희망의 새싹을 돋우는 봄과, 감동을 불어넣어주는 자연의 노랫소리 들려오는 여름도 있다. 환희의 결실을 맺어주는 가을이 있고, 은총의 꽃가루 뿌려주어 온 세상을 하얗게 덮어주는 겨울이 있다. 일 년의 세월을 한 권의 달력 안에서 맛보며 생활을 설계하고 살아간다. 그 안에 인생이 보인다.

하늘에 떠다니는 구름마저 차가운 1 · 2월이다. 설날과 대보름을 보내며 성숙해진다. 인생의 숫자가 늘어난다. 슬퍼하지 않고 받아들인다. 언제나 떠오르는 태양이지만 더 크고 더 뜨겁게 떠오른다. 세숫대야 속 얼음만큼 차갑게 느껴지던 밤하늘의 달

님도 점점 온기를 더해가는 느낌이 들게 한다. 3월이 되어서야 생명이 솟구치기 시작한다. 유년기의 어린 새싹 같은 시기이다.

꽃이 피니 온 산이 붉고 잎이 나니 모든 나무가 푸르다. 학창 시절 혈기 왕성한 시기와 같은 4월과 5월은 성장의 계절이고 축제의 계절이다. 어린이날, 어버이날, 스승의 날, 석가 탄신일. 새순이 수줍게 고개 내밀고, 꽃들은 속살을 드러내기 시작한다. 피어날 때의 아름다움보다 바람에 날리는 꽃잎을 더욱 사랑하게 한다. 때가 되면 제 갈 길 찾아가고 남은 자리엔 열매가 맺힌다.

굵어지고 짙어지는 6 · 7월에 자연은 노래 부른다. 저마다의 특색 있는 음으로 노래하며 화음을 맞추어 합창한다. 그 소리에 과일들은 점점 굵어진다. 키 작은 곡식과 나무들은 소리를 잡아보려고 경쟁하며 까치발 치켜들고 올라온다. 8월의 무더위는 연약한 그들을 단단하게 영글게 만든다. 태풍이 불어와도 꺾이지 않도록 강하게 만들어 준다. 어느덧 생계를 책임지는 비중 있는 직장인으로 성장해 있다.

가는 걸음걸음마다 알알이 영근 열매들로 가득한 9월과 10월이다. 땅속에도 나무 가지가지에도 온통 과일과 곡식들로 배부르게 한다. 바라만 보고 있어도 맛있는 소리가 들려온다. 산과 들은 물감을 뿌려놓은 한 폭의 동양화로 탄생한다. 누구의 작품일까. 아름다움의 깊은 수렁 속으로 빠져들고 만다. 쾌감을 맛보며 중추절 밝은 달빛 아래 행복을 노래한다. 가도 가도 끝이 없는 장년의 행복한 길이다.

텅 비어가는 들판에 철새가 날아드는 11월, 12월이 찾아든다. 잎을 떨구어낸 앙상한 가지들이지만 그곳엔 다시 상고대가 피어난다. 천사 날개보다 더 하얀 상고대가 피어 또다시 살아난다. 한 폭의 수묵화다. 손과 발은 시려도 마음은 화롯불이다. 성탄절 캐럴을 들으며 한 해가 잠들어 가고 있다. 황혼기의 약간은 서글픈 석양을 바라본다.

다 찢겨져 나간 달력은 어느새 새 옷으로 갈아입었다. 긴 시간 같았던 일 년의 세월. 12장의 종이가 되어 사라져 버렸다. 허무하다. 하지만 끝이 아니다. 다시 12장의 새로운 달력이 걸려 또다시 일 년을 시작한다. 한장 한장의 과정은 힘들지 모르지만 하나의 달력은 쉽게 사라져 버린다. 내 인생의 달력은 어느 달까지 넘어가 있을까. 산과 바다 모두가 파란 7월로 걸려 있을 것 같다.

피아노

피아노가 출가한 딸네 집으로 옮겨간다. 피아노를 옮기는 전문가 두 사람이 왔다. 조그만 끌차 위에 피아노를 올려놓고 가볍게 밀고 나간다. 엘리베이터에 태워 1층 현관문을 나가 트럭에 싣는다. 기계장치를 이용하여 가볍게 트럭에 올리고 튼튼하게 묶는다. 30여 년을 우리 가족과 함께 이사 다니고 생활해 오던 피아노가 이렇게 우리 집을 떠났다.

이제는 외손녀의 소유물이다. 엄마가 어린아이 때 치며 노래하던 피아노이다. 세월이 흘러 딸이 결혼하여 딸을 낳았다. 그 아이가 일곱 살이 되었다. 피아노를 배워야 하는 나이가 된 것이다. 새 것을 구입하려 했으나 값이 너무 비싸 어린 시절

치며 놀던 피아노를 가져가겠다고 했다. 어차피 딸도 떠났으니 피아노도 보내기로 마음먹었다. 대를 이어 사용 하게끔 하기 위해서이다.

외손녀가 재롱잔치를 한다고 초대했다. 아산시 평생학습관에 갔다. 어린 왕자와 공주들이 예쁜 옷으로 갈아입고 순서대로 나와 그동안 배운 솜씨를 자랑했다. 선생님의 가르침대로 잘 따라하는 아이들이지만 한둘은 멍하니 선 채로 울고만 있다. 예쁘고 귀엽다. 젊은 엄마들이 우리 귀여운 아들 딸 대견하게 잘한다고 이름을 부르며 소리 지른다. 어린아이들을 가르치느라 고생하신 선생님들의 모습이 눈에 선하다.

재롱잔치를 마치자 딸은 외손녀를 데리고 먼저 집으로 출발했다. 피아노 레슨 시간이 임박하다고 빨리 가야 한다고 했다. 바쁘다. 저 어린것이 벌써부터 시간에 쫓겨 이리저리 뛰는 모습을 보니 애처롭다. 우리는 사돈 내외분과 함께 천천히 딸네 집으로 향했다. 아직은 추운 겨울이지만 차창 밖 햇살은 어느새 봄이다. 따스함이 어깨에 와 닿는다.

현관문을 열고 들어서니 피아노 소리가 울려 퍼진다. 우리 딸 어릴 때 피아노 배우며 내던 소리다. 왠지 가슴이 설렌다. 방문을 살짝 열고 들여다보았다. 선생님 옆에 앉아 피아노를 치고 있는 외손녀의 모습에서 어릴 적 딸의 모습이 보였다. 엄마의 고사리 손이 오갔던 건반이다. 이제 그 건반 위에 딸의 고사리손이 오가고 있다. 시간이 흘렀지만 모든 것이 정지되어 있는 듯하다. 어쩌면 그렇게 똑같을까. 나도 잠시 삼십대로 돌아간다. 다시 조용히 방문을 닫고 돌아섰다. 아아. 그건 뜬구름일 뿐이었다.

방 한편에 장식용으로 전락됐던 피아노다. 그 피아노가 이젠 빛을 보게 되었다. 애태우며 소리 내고 싶었을 피아노이다. 얼마나 답답한 세월을 보냈을까. 외손녀의 탄생으로 이제 마음껏 소리 내며 뽐낼 수 있게 되었다. 고생 끝에 산 정상에 올라 소리 지르면 골짜기마다 울려 퍼지는 메아리처럼 집안 구석구석마다 아름다운 소리를 전할 수 있게 되었다.

이사를 할 때마다 피아노가 있으면 10만 원의 추가비용을 부담했다. 그럴 때마다 경비 지출이 많으니 버리자고 했던 피아노였다. 상태도 좋고 깨끗한데 왜 버리느냐 하며 지금까지 함께 해오던 피아노이다. 딸을 출가시키고 나서 보고 싶을 때마다 아내 몰래 보아왔던 피아노이다. 의자에 앉아 고사리손으로 피아노를 치며 불러주던 노래들을 떠올려보곤 했었다. 어린 딸의 피아노 연주가 '딩동 딩동' 내 마음에 젖어오는 것만 같았었다. 바라만 보고 있어도 허전한 마음에 위안을 주었던 피아노였다.

오래 묵은 장이 깊은 맛을 낸다고 한다. 오래된 피아노도 성숙한 깊은 소리를 자아낸다. 피아노라고 다 같은 피아노는 아닐 것이다. 맛깔 나는 선율을 울려 퍼지게 하는 피아노는 엄마의 사랑의 손길이 가득 묻어난 오랜 세월을 거친 피아노일 것이다. 대물림하는 사랑과 정이 가득한 피아노는 배우는 아이에게 교육보다 값진 교훈을 줄 것이다. 말 못하는 피아노지만 2대에 이어서 가르친다는 자긍심에 자랑스러울 것이다. 건반에 와 닿는 고사리손은 똑같을지 모르지만 30여 년의 세월이 흐른 전혀 다른 느낌의 손가락이다.

다음날 집으로 돌아와 대문 앞에 도착했다. 기다려줄 사람 없는 빈집이지만 문을 열고 들어서면 왠지 피아노 소리가 들릴 것 같다. 기대감을 가지고 대문을 들어서니 차가운 공기만 얼굴에 와 닿는다. 끌차 위에 실려서 밀고나가던 피아노의 모습이 나타난다. 오랫동안 정으로부터 오는 서운함인가. 손녀에게까지 잘 물려준 자랑스러움인가. 분명 기쁨일 것이다.

피아노가 있던 방이 왠지 휑하다. 딸이 출가했을 때처럼 서운함이 느껴진다. 방바닥엔 피아노 바퀏자국만 남아있다. 추수를 마친 가을 들판이다. 낱알만 떨어져 외로이 지키고 있다. 왠지 서글픈 마음이다. 이제 곧 봄이 오면 이곳엔 또다시 파란 새싹이 돋아날 것이다. 희망의 새싹들이 허전한 들판을 가득 메울 것이다. 피아노가 있던 자리에 책상과 의자를 배치하고 앉아서 차 한 잔을 마신다. 어디선가 딸아이가 아닌 손녀딸이 들려주는 피아노 연주가 들려오는 듯하다.

(2015. 2. 6.)

땅

땅은 어머니이다. 씨앗을 받아들여 생명을 싹 틔우고 탄생하게 한다. 각종 영양소를 부족함 없이 공급하여 튼튼하게 자라게 한다. 꽃 피우고 열매를 맺어 성취감을 맛보게 한다. 길고 긴 세월이 흐르면 땅은 다시 거두어 간다. 모두 땅속에 묻혀 흙으로 돌아간다. 땅은 자연이고 자연은 어머니이다.

땅은 계절에 따라 변한다. 봄에는 파릇파릇, 여름에는 검푸르게, 가을엔 울긋불긋, 겨울엔 순백의 모습으로 나타난다. 어머니의 일생도 변한다. 아이 때는 초롱초롱, 젊은 시절엔 아름다운 꽃송이로, 황혼기에는 주렁주렁 자식을 매달고, 노년기엔 하얀 백발의 모습으로 변모해 간다. 변화되어가는 세월 속에 원래의 모습은 변함없이 유지되어 항상 본래의 모습을 지켜나간다.

땅은 바탕이 되어준다. 모든 생명의 근본이 되어 성장 조건을 맞추어 준다. 생명의 성질과 모양 등을 결정해 주는 것이다. 어머니도 역시 새 생명의 땅이다. 새 생명의 밭이 되어 아이의 생김새와 성격 골격을 결정짓는다. 기나긴 시간 동안 고통의 순간을 견뎌내고 새 생명을 싹 틔운다. 대단한 탄생이다. 땅이 갈라지는 고통을 이겨내고 탄생시킨다.

어머니와 땅은 생명의 기초다. 집을 지으려면 기초를 닦아야하듯 땅과 어머니는 싹을 틔우는 터를 제공해 준다. 생명이 태어나도록 조건을 갖추고 씨앗을 잉태한다. 그에 따르는 성장 환경과 토대를 만들어 준다. 튼튼하고 건강하게 자랄 수 있도록 최대한 지원한다. 땅이 자연이듯 어머니 역시 자연이다. 자연은 필요로 하는 만큼 공급해 준다. 우리 모두는 자연에서 얻고 자연으로 돌아간다.

열매는 땅의 성질에 따라 결정된다. 아무리 좋은 씨앗도 어떤 땅에 심겨졌느냐에 따라 맛과 모양 크기와 색이 다르다. 넓은 들판에 뿌려진 씨앗은 풍부한 일조량과 통풍 관수가 원활하여 크고 싱싱하게 성장한다. 반면 산골짝 거친 땅에 심겨진 씨앗은 모든 환경조건이 맞지 않아 제대로 성장하지 못한다. 열매도 충실히 영글지 못하고 맛도 떨어진다.

다 같아 보이는 사람도 어머니에 따라 서로 다르다. 키가 큰 사람, 작은 사람. 피부가 검은 사람과 흰 사람. 모두 제각각이다. 어느 환경과 조건에서 싹이 트고 성장했느냐에 따라 성질과 모양과 성격과 색이 달라진다. 자라는 환경이 그만큼 큰 영향력을 미치는 것이다. 그 모든 결정을 땅만이 할 수 있는 것이다.

땅은 정직하다. 투자한 만큼만 돌려준다. 아무리 좋은 종자를 심는다 해도 거름과 비료를 주지 않고 방치하면 좋은 열매를 맺지 못한다. 날씨도 도와주어야 한다. 적당한 일조량과 강수량에 따라 생산량이 달라진다. 거름과 비료를 주며 노력해도 가뭄으로 타들어가거나 홍수로 쓸려 나가면 아무 소용이 없다. 운도 적당히 따라주어야 할 것이다.

뱃속의 아기도 어머니가 충분히 영양을 섭취해야 건강하게 태어난다. 각종 음식을 적당히 골고루 섭취하여 영양결핍이 오지 않도록 해야 한다. 어느 한 가지라도 부족하면 제대로 성장하지 못한다. 고른 영양섭취와 적당한 운동을 겸해 주어야 정상적인 튼튼한 아기로 탄생할 수 있을 것이다.

내가 훌륭하게 성장하여 출세하려면 땅만 의존하고 살아가면 안 된다. 태어나게 해 주었으면 성장과정에서는 나의 역할이 중요하다. 햇빛도 볼 수 있게 환경을 바꾸고 수분 공급도 적절이 해가며 내가 나를 위해 변하며 살아야 한다. 물론 땅이 공급해주는 영양소도 중요하지만 더욱 중요한 것은 내 스스로가 삶의 목적과 꿈에 맞추어 환경과 조건을 만들어 나가는 것이다. 어느 한쪽에 치우쳐 의존하고 살아간다면 나도 모르는 사이에 나의 결핍이 드러나게 될 것이다.

땅은 다시 모두 거두어들인다. 싹을 틔워 성장하게 해 주었지만 결국엔 모두 땅속으로 다시 돌아간다. 우리 모두도 언젠가는 땅속으로 돌아가야 할 것이다. 열매를 맺고 아름답게 살아가지만 결국 땅속으로 가야 한다. 굵고 튼실한 씨앗을 남겨두고 우리의 고향인 땅으로 변해갈 것이다.

우리가 이 세상에 왔다가는 것은 한순간에 불과하다. 땅으로 돌아가는 것은 끝이 아닌 새로운 시작일 것이다. 또 다른 세상이 전개될 것이다. 이렇듯 계속 반복되는 인생 사이클 속에서 우리는 존재하다 사라지고 사라졌다 존재하는 것이다. 새 세상을 만나면 지난세상의 일들을 모두 망각하고 살아간다. 다음 세상도 생각하지 않고 현실에만 집착한다.

어머니의 뱃속에서 10개월의 기간은 태아에게 하나의 인생을 살았던 것이다. 뱃속을 벗어나 세상에 태어나는 것은 또 하나의 인생을 시작하는 것이다. 태아로 존재하던 시대는 잊고 아기로 성장하며 또 하나의 세상을 만나게 된다. 이렇듯 우리 인생은 계속 돌고 도는 것이다. 이로써 땅과 어머니의 관계는 결국 같은 존재이다.

가뭄

이른 아침 장인어른께서 전화를 하셨다. 집에 들어올 때 물을 한 통 받아오라고 하신다. 오랜 가뭄으로 온 마을에 수돗물이 나오지를 않는다는 것이다. 때는 장마철인데 비가 내리지 않는 마른장마이다. 인해 비가 내리지를 않는다. 예년 기온을 크게 웃도는 더위만 계속되고 있다. 사람의 마음도 들판의 곡식도 타들어가고 있다. 오늘도 내일도 애타게 기다리는 비 소식은 들려오지 않는다.

심한 가뭄으로 대청호의 물도 바닥을 드러내기 시작했다고 한다. 정든 고향을 떠나야만 했던 수몰민들의 마을 모습이 나타났다 한다. 지금의 상황이 매우 심각한 가뭄현상을 보이고 있는 것이다. 수많은 이주민들의 고향. 물속으로 사라져버린 고향. 꿈에 그리던 고향이 가뭄으로 모습을 드러냈다 한다. 얼마나 보고 싶고 그리던 고향의 모습인가. 그들에게 가뭄이 가져다준 아이러니한 선물이다. 그리움이 뜻하지 않게 현실로 모습을 나타낸 것이다. 비록 잠시뿐이지만 고향을 보게 된 사람들에겐 오히려 가뭄이 꿈을 실현시켜준 것이다.

물을 한 통 싣고 준비한 국과 반찬을 챙긴 후 처가에 갔다. 장모님께서 돌아가시고 아흔 살이 다 되어가는 장인 혼자 살고 계시기 때문이다. 가까이 살고 있는 딸이 주기적으로 국과 반찬을 해다 드리는 것이다. 물이 나오지 않아 화장실 문제 등 생활하시기에 매우 불편하다고 하셨다. 허드렛물은 읍에서 차로 하루 한 차례 공급해 주어서 그런대로 생활할 수 있으시다 한다. 그런데 당장 식수가 문제다. 해결책으로 청주에서 식수 한 통을 떠오라 하신 것이다. 지척에 살고 있는 우리가 이렇게 자주 드나들며 돌보아드리고 있다. 외로우실까봐 자주 찾아뵙는다. 그러나 장인께서는 가뭄에 비를 기다리듯 무언가를 기다리고 있는 것 같다. 하지만 속마음을 열어놓고 이야기를 하지 않으니 알 수가 없다.

아들은 멀리 살고 있기 때문에 오지 못한다. 일 년에 서너 번 다녀가는 게 고작이다. 한번 다녀가려면 시간도 많이 소요되고 연료도 많이 소비되기 때문에 오지 못한다는 것이다. 어린이

날 어버이날 연휴가 며칠씩 이어져도 다녀갈 생각조차 하지 않는다. 장인어른께서는 그런 아들이 오기를 이제나 저제나 기다리고 계신 것이다. 딸 사위가 옆에서 아무리 잘 보살펴 드려도 아들이 오기만을 애타게 기다리고 계시는 것이다. 가뭄에 비를 기다리는 심정으로 아들이 오기를 기다리고 있는 것이다.

마을 입구에서 자동차 소리가 들려오면 회관 앞까지 나가보신다. 혹시 아들이 왔나 하는 마음으로 나가보신다. 그러나 이내 실망스런 눈빛으로 들어오신다. 그런 마음을 아는지 모르는지 오늘도 아들은 오지 않는다. 그저 하염없는 기다림의 연속일 뿐이다. 이제 가물대로 가물어 타들어가는 마음은 병으로 번질까 걱정이 된다. 얼마 남지 않은 여생 촉촉한 비가 내리듯 가끔 찾아와 마음을 적셔주고 갔으면 좋겠다.

80년 세월을 접어두고 떠나갈 길 찾아 준비하는 인생이시다. 의지할 곳 없이 혼자만의 외로움을 담아둘 그릇을 찾아보지만 모두 멀리 떠나고 없다. 그들은 오라고 손짓하지만 그곳은 당신께서 살 곳이 아니란다. 정든 이곳에서 살다가 이곳에 묻히고 싶어 하신다. 저마다의 생활이 있기에 이곳에 와 함께 살 수가 없다. 하지만 당신께선 익숙해진 고향을 떠나 살 수는 없다. 편한 것이 편한 게 아니다. 답답하고 갑갑할 뿐이다. 힘들고 어려워도 당신께서 살아온 고향이 안식처인 것이다. 오라 가라 하지 말고 시간 내어 다녀나 갔으면 하는 바람인 것이다.

기다림은 언제까지 지속될 것인가. 비가 오지 않아 곡식이 타들어 갈 때면 더욱 애태우며 기다릴 것이다. 수몰민이 물속에 잠긴 고향을 그리는 마음으로 한없이 기다릴 것이다. 아무리 멀리 살고 있어도 한 달에 한 번 정도는 다녀 갈만도 한데 무색할 정도로 오지 않는다. 효는 물질이 아닌 마음으로 하는 것이다. 가끔 한 번씩 찾아와 외로움을 달래 드리고 밥 한 끼 같이하고 가면 좋겠지만 뜨거운 태양만 내리쬐고 비는 오지 않는다. 가뭄에 비를 기다리는 마음으로 오지 않는 아들을 기다리며 오늘도 마을 입구로 내려가신다. 그곳엔 혹시 소나기라도 내릴까 하는 마음으로.

(2014. 07. 09.)

4. 액자 속 풍경화

유리창

푸른 나무 위로 새들이 날아간다. 그 위쪽엔 파란 하늘이 끝없이 펼쳐져 있고 가끔 구름 몇 점이 지나간다. 시시때때로 변화를 느낄 수 있다. 거실 소파에 앉아 커피를 마시며 유리창 밖의 움직임을 바라보고 있다. 나뭇잎이 흔들리지 않는 것으로 보아 바람은 없나 보다.

나는 집안에서 유리창을 통해 밖의 행동거지들을 보고 있다. 그러나 밖에서는 내가 보고 있다는 것을 생각하지 않고 행동하고 있다. 꽃이 피고 지고 세월의 흐름을 느끼지만 누군가가 보고 있을 것이라는 생각은 전혀 하지 않고 움직이고 있다.

유리창은 안에서는 밖이 보이지만 밖에서는 안이 잘 보이질 않는다. 오히려 밖의 나무가 비춰져 숲의 연장으로 보일 수 있다. 마치 솔거의 황룡사 금당벽화 〈노송도〉를 진짜 소나무로 착각하고 새가 날아들어 부딪혀 떨어지듯, 유리창에 투영된 나무를 진짜로 착각하고 가끔 새들이 날아든다. 이렇듯 밖에서는 안이 전혀 보이지를 않는다. 그래서 누군가 보고 있다는 생각 자체를 하지 않고 행동한다.

유리창을 사이에 두고 안과 밖이 완전히 다르다. 이와 같이 내 안의 마음과 밖의 마음도 다를 것이다. 안은 조용하고 고요가 흐른다. 반면 밖은 항상 소란스럽다. 서로 시기하고 질투하며 무한 경쟁 속에서 생활한다. 내가 살기 위해 살려고 상대를 죽여야 하고 출세를 위해서는 친구도 버려야 한다. 내가 없으면 모든 것이 사라지기 때문이다. 보는 이가 없다고 생각하기에 그런 일들을 서슴없이 죄책감 없이 저지르고 있다.

우리들은 많은 환경을 접하며 살아야 하기 때문에 변화무쌍하다. 살갗을 에는 듯한 추위도 겪어야 하고 이글이글 타오르는 폭염도 견디며 살아야 한다. 그 느낌을 안으로 모두 전해주면 견뎌내지 못하고 스스로 무너져 버릴 것이다. 그 안과 밖의 차단 역할을 유리창이 해준다. 그래서 우리의 마음은 두 개일 것이다. 앞에서는 선한 척하고 뒤에서는 악한이 된다.

지구에 살고 있는 우리들은 지구 밖 어딘가에서 누군가가 지켜보고 있다는 생각을 전혀 하지 않고 살고 있다. 그들 중에는 선한 사람도 있을 것이고 악한 사람도 있을 것이다. 유리창 너머 보이지 않는 곳에서 바라보고 있다는 사실을 알게 되면 모두가 이를 의식하고 착한 행동들만 할 것이다. 모르기 때문에 죄의식 없이 오늘도 선과 악을 건너다니고 있을 것이다.

지구 밖, 우주 공간에서 누군가가 나를 지켜보고 있다는 생각을 가지고 살아간다면 마음이 편안해질 것이다. 거짓 인생을 살지 않아도 되기 때문이다. 보고 있든지 보지 않든지 나는 나를 위해 살아가면 문제없을 것이다. 창공을 마음대로 날아다니는 새들은 생각이 자유롭다. 그렇게 비행하다 먹이가 나타나면 먹고 또 날아가면 된다. 평소 하던 대로 생각하고 행동하면 된다. 유리창 안을 의식하지 말고 안과 밖이 존재한다고 생각하지 말고 지금까지 살아온 방식대로 살아가면 되겠다.

추운 겨울 유리창에 성에가 가득하다. 밖이 보이지 않는다. 봄이 오길 기다려야 하나.

큰 산 얼굴

부산에서 결혼식이 있어 서둘러 준비했다. 막 출발하려는데 벽에 걸려있는 할아버지 사진이 눈에 들어왔다. 오늘따라 유독 주름이 많아 보였다. 주름은 큰 산 깊은 계곡 같아 보였다. 할아버지 얼굴이 큰 산으로 나타났다. 출발 시간에 늦을까봐 서둘러서 관광버스에 올라탔다.

버스는 정시에 출발했고 곧 고속도로에 진입했다. 아직은 이른 시간이라 한산했다. 다들 아침을 거르고 왔는지 나눠준 떡과 음료를 먹으며 이야기꽃을 피웠다. 따끈한 커피향이 차 안을 향기롭게 맴돌았다. 장거리를 가야 하기에 휴게실도 들르고 쉬엄쉬엄 달려갔지만 그래도 지루했다. 잠깐 졸기도 하고 차창을 내다보기도 하면서 무료함을 달랬다.

안개가 자욱하다. 시간이 지나자 햇살이 비추었다. 먼 산을 바라볼 수 있어 답답함이 가셨다. 산은 뒤로 물러나며 각기 다른 모습을 안겨준다. 산마다 골진 모습이 얼굴의 주름살처럼 보였다. 흡사 주름살 많은 할아버지의 모습이다. 그 주변의 나무들은 얼굴을 덮고 있는 더부룩한 수염 같았다.

터널을 지나간다. 옛 산에는 터널이 없이 평범한 산이었다. 그러나 지금의 산들은 철도와 고속도로를 건설하며 터널을 뚫어 기차와 자동차가 산속을 통과한다. 사람의 코와 입 같다. 옛날 산에는 바위가 머리에 버짐을 앓아 부분적으로 벗겨진 흉터처럼 보였었다. 지금의 산은 얼굴의 형태를 고루 갖추고 있다. 쉴 새 없이 드나드는 열차와 자동차들이 마치 누런 코를 스르르 흘러내리다 훅 빨아들이는 콧물을 연상케 했다.

산은 그냥 산이다. 그러나 요즘의 산들은 변하고 있다. 점점 사람의 모습을 닮아가고 있다. 눈, 코, 입을 갖추고 얼굴에 주름살을 늘려나가고 있다. 산도 사람처럼 나이가 들어가고 있음을 나타낸다. 수염도 점점 자라 덥수룩하다. 액자 속 갓을 쓰고 있는 할아버지의 모습이다.

얼굴에는 땀방울이 주름살을 타고 흐르고, 산에는 물방울이 계곡을 타고 흐른다. 아침이슬로 세수하고 새들이 날아와 양치해주고 계절에 따라 화장하고 옷도 갈아입는다. 겨울이면 하얀

솜이불을 덮고 따뜻하게 잠잔다.

세월이 변화를 갈구함에 따라, 산은 그에 부응하기 위해 태도를 바꿔 조금씩 변하고 있다. 할아버지께서는 일제 강점기와 6 · 25한국전쟁을 겪는 등 엄청난 격동의 세월을 이겨내셨다. 그러면서도 산이 표정 변화가 없듯 어려운 시기를 힘든 기색없이 극복해 내셨다. 얼굴의 깊게 파인 주름살이 이를 대변해주고 있는 듯하다.

내가 산이라면 변화 없는 생활에 지겨움을 느낄 것이다. 정해진 수명대로 살더라도 매일매일 변화를 갖고 살아가는 내 인생이 낫다고 생각한다.

돌아오는 차 안에서 차창을 통해 먼 산의 주름살을 바라보고 있는데 갑자기 차 유리창에 내 얼굴이 비춰진다. 차창에 비춰진 내 얼굴에도 먼 산의 주름처럼 깊은 주름살이 나타난다. 나도 세월 앞에서는 별수 없이 산으로 변해가고 있나보다.

집에 돌아와서 벽에 걸린 할아버지 사진을 바라보니 큰 산으로 나타난다.

(충청매일. 2019. 12. 11.)

가로등

가로등이 태양과 근무를 교대했다. 한낮을 뜨겁게 달구었던 태양은 넘어가고 가로등이 어두워지는 밤거리를 환하게 밝혀준다. 하나 둘 불이 켜지고 불빛과 불빛으로 이어진다. 그 불빛들이 모여 불길을 만든다. 그 불길로 밤은 서서히 걸음 한다. 밤이 가까이 다가올수록 불길은 더욱 밝아져 어느새 마을 전체를 대낮같이 밝혀준다.

마을은 환하고, 둘러싸여 있는 주변은 칠흑 같은 어둠이 덮여있다. 말없이 조용히 찾아와 마을을 밝혀주다 아침이 오기 전에 홀연히 사라진다. 매일 같은 일상이지만 지겨워하지 않는다. 남의 자리를 넘보지 않고 잘난 척하지 않으며 자기 자리만 지키며 묵묵히 맡은 바 임무를 수행한다.

가끔 날벌레들이 찾아와 심술을 부리지만 개의치 않고 할 일만 한다. 열대야로 잠 못 이루는 날에도 혹한으로 꽁꽁 얼어붙는 겨울밤에도 두려워하지 않고 자리를 지킨다. 더위와 추위에 지친 이들의 친구가 되어 함께해준다.

시대가 바뀌면 변화를 가져올 만도 한데 매일 그날이 그날이다. 고집불통이다.

늦은 밤 젊은 남녀가 불빛 아래서 사랑을 속삭인다. 모른 척하고 외면한다. 그들의 속삭임을 듣고 있으면 졸리지 않고 시간이 훌쩍 지나간다. 어느새 멀리서부터 새벽이 찾아오고 주변이 환해지면 슬며시 잠자리로 들어간다. 하루를 마치고 내일을 준비하며 단잠을 이룬다.

대부분의 사람들은 남의 말 전달하기를 좋아한다. 그러나 그는 보고 들은 이야기를 누구에게도 발설하지 않는다. 묵묵히 자기 할 일만 한다. 그가 알고 있는 사실을 다 이야기하면 세상은 혼란에 빠지게 될 것이다.

가로등 불빛은 사람을 홀리는 기술이 있다. 방향 감각을 잃게 하여 혼란에 빠뜨리기도 한다. 퇴직 전 직장에서 회식이 있었다. 밤늦도록 술집과 노래방을 즐기다 모두 헤어지고 혼자 남게 되었다. 술에 취해 어디가 어디인지 분별할 수가 없었다. 가로등 불빛만이 길게 늘어져 있을 뿐이다. 육거리시장에서 모충동 집에 가려면 꽃다리를 찾아야 하는데 분별하지 못하고 헤매고 있었다. 정신이 들 때까지 길거리에 앉아있기로 했다. 이때 마침 지나가는 행인이 있어 꽃다리를 가려면 어느 방향으로 가야 하냐고 물었더니 씩 웃고 가버렸다. 기분이 좋지 않았다. 술 취한 사람이라 그러나 보다 했는데 다음 사람도 똑같다. 다시 행인이 오기에 일어나 물었더니 내가 앉아있던 그곳이 꽃다리라 하며 웃었다. 꽃다리에 앉아 꽃다리를 찾고 있으니 모두 웃을 수밖에 없었을 것이다. 어이가 없었다. 이렇게 가로등 불빛은 사람을 곤경에 빠뜨리기도 한다. 얼마의 시간이 흐른 후 주위 환경을 파악하고 가로등 불빛이 이어주는 불길을 따라 집을 찾아 들어갔다.

이런저런 사연들을 많이 간직하고 있지만 절대 발설하지 않는다. 아마 그가 보고 듣고 한 이야기들을 세상에 알린다면 이 세상 그 누구도 살아남지 못할 것이다. 아니 사실은 아무것도 보고 들은 게 없을지 모른다. 이랬다저랬다 남의 말에 귀 기울이고 말 전달해서 분란을 일으키고 한다면 어지러운 사회가 되고 말 것이다.

서로가 서로를 지켜주며 살아가고 아름다운 밤거리를 밝혀주는 가로등과 같은 과묵한 인생을 살아갔으면 좋겠다.

아무런 일이 없었다는 듯 새벽 밝음 속으로 가로등 불빛은 사라진다. 조용했던 세상이 떠들썩해진다. 세상은 조용하게만 살아갈 수는 없나 보다. 시끄러우면 시끄러운 대로 또 하루를 살아봐야 하겠다.

(2018. 9. 19.)

액자 속 풍경화

거실 벽을 장식하고 있는 동양화를 바라본다. 지난 세월만큼 먼지가 잔뜩 올라붙어있다. 털고 닦아주었다. 그런데도 빛이 나질 않는다. 색이 바래 그런가보다. 같은 장소에 같은 모습으로 늘 걸려있는 액자지만 그다지 지겹다는 생각은 해보지 않았다. 액자 청소를 마치고 안방으로 들어가 의자에 앉아 창밖을 내다보았다.

창틀 안에 있는 풍경화를 본다.

창틀이 만들어준 액자 속 풍경화가 오늘은 변화가 없다. 어제 그 모습 그대로다. 낙엽 진 앙상한 가지들을 조용히 매단 채 하늘을 배경으로 곧게 서 있는 나무들뿐이다. 새 한 마리

없이 그저 쓸쓸함 그 자체다. 그 사이를 비집고 햇살이 비친다. 한때 연둣빛 새싹과 검푸른 숲, 노랗고 빨간 단풍, 하얀 눈을 머리에 이고 자태를 뽐내던 풍경화가 이젠 쓸쓸함을 안겨준다. 흔들림 없는 가지들로 보아 바람도 없는 듯하다. 사시사철 변화를 가져다주어 나를 깨워주는 또 다른 액자 속 풍경화다.

연둣빛 가지가 움직인다. 그 아래 바닥엔 새싹이 돋아나 파랗게 채색된다. 이를 밝혀주려는 듯 파란 하늘에 구름을 그려 넣는다. 해가 떠오르면 더욱 강한 색채로 변해가고 어둠이 찾아오면 풍경화 속 그림들은 사라지고 별빛만이 반짝인다. 잠시도 같은 그림으로 남아 있지 않는다.

시간이 흐르고 달력이 넘겨지면 풍경화는 빠르게 변한다. 잎은 점점 커져 햇빛을 감추고 꽃을 피운다. 새와 벌, 나비도 날아든다. 새순 길게 자란 소나무는 노란 송홧가루를 날려 대지를 덮는다. 하늘 어두운 날 풍경화 속에 비가 내리며 송홧가루를 씻어내고 생동감을 더해준다. 자라나는 생명체에 활력소를 불어넣어준 것이다. 비 갠 오후, 풍경화도 맑게 갠다. 검푸른 나뭇잎은 반짝이며 바람에 흔들린다.

폭풍우 몰아치던 날이면 액자가 떨어져 나갈 듯 위태롭다. 풍경화 속 나무들이 꺾일 듯 휘어지고 몸부림친다. 애처롭다. 바람을 피해 옮겨주고 싶지만 움직일 수가 없다. 한번 설치된 액자는 요지부동이다. 그저 애태우며 폭풍우가 지나치기를 기다릴 뿐이다. 그림이 다 망가진다. 시간이 지나 평화가 찾아오고 언제 그랬냐는 듯 풍경화는 제자리를 찾아 원형을 복구한다. 아무 일 없었다는 듯 원래의 모습으로 돌아온다.

그림이 또 변했다. 가지마다 열매가 익어가고 잎도 채색된다. 빨강, 노랑, 물감으로는 표현하기 힘들 것 같은 색깔로 물들인다. 햇빛이 비치는 각도에 따라 또 다른 색으로 변해간다. 이제 성장을 멈추고 겨울을 준비하나 보다. 파랗게 채색되었던 바닥도 갈황색으로 변해 간다. 솔방울 사이로 다람쥐가 바쁘게 지나간다.

며칠 전 풍경화가 하얗게 변했다. 지루했던 앙상한 나뭇가지에 하얀 눈을 살포시 올려놓아 변화를 주었다. 날이 따뜻하면 녹아 없어지겠지 생각하다 그러면 안 된다고 생각을 바꾸었다. 다음은 다음에 생각하고 지금 이 순간의 아름다움을 느끼고 즐겨야 한다고 마음을 고쳐 잡았다.

정지된 것은 변화를 추구하지 못한다. 물이 한자리에 머물러 있으면 썩듯이 생각도 머무르면 썩게 된다. 나의 풍경화는 일 년 동안 영화 속 장면처럼 변화를 전해주며 나의 정체성을 깨우치게 해주었다. 급변하는 세상을 살아가려면 창밖 풍경이 변하듯 생각도 다양하게 변화를 가지며 대처해 나가야 할 것이다. 창이라는 액자 속 풍경화를 감상하며 나를 그림 속에 넣어본다. 내 마음의 창, 내 마음의 액자에는 어떤 그림으로 변화할까 생각해 본다. 항상 제자리에 멈춰 서 있던 나에게 변화를 느껴보라고 등 떠밀어본다.

접시

하루 일과를 마친 접시가 싱크대 선반 위에 나란히 정돈되어 휴식을 취하고 있다. 아침이 되면 저마다 반찬을 가득 담고 식탁 위로 올라온다. 저마다 각기 다른 반찬을 담고 있다. 문득 내 인생의 접시엔 어떤 반찬들이 담겨지고 있을까를 생각해 보았다.

식탁 위에 잘 정돈하여 차린 반찬 접시들이 울긋불긋한 시골 마을로 보였다. 빨간색, 파란색, 노란색의 조화로운 색깔의 지붕처럼 아름답게 배치되어 마을을 형성하고 있다. 접시 하나하나가 한 가정이고 식탁이 마을이다. 각가지 반찬이 담긴 접시가 모여 식단을 조성하듯, 한 사람 한 사람이 모여 가족을 구성하고, 가족과 이웃이 모여 마을을 형성한다. 그 기초가 접시다. 접시마다 각기 다른 반찬이 담겨져 있는데 그것이 성격이다. 사람마다 성격이 다르듯 반찬도 각자의 성격을 지니고 담겨 있다.

접시마다 항상 맛있는 반찬이 담기는 것은 아니다. 이것저것 그때마다 순서대로 담겨지기 때문에 무엇이 담길지는 서로가 알지 못한다. 맵고 짠 음식, 고기, 볶음, 생선, 채소 등 손에 집히는 대로 담겨 올라온다. 우리 인생도 마찬가지일 것이다. 어느 땐 쓰고, 어느 땐 달다. 항상 달고 맛있는 음식만 담으며 살 수는 없을 것이다. 인생의 참 맛을 느끼게 하는 각종 요리가 담길 것이다.

오늘은 어떤 요리가 담길지 흥미롭고 궁금하다. 매일 바뀌며 담기는 인생의 맛 서서히 음미하고 즐겨본다.

때로는 입맛에 맞는 반찬이 담겨 나오기를 마음속으로 기대해 본다. 곤경에 처해 허덕이는 삶이 두려워서일 것이다. 입에 맞지 않는 고통스러운 하루가 될까 두려워서 그렇다. 어떤 일이던 술술 풀려나가는 꿈결 같은 상차림이 되기를 기도도 해본다.

사람마다 각자 성품이 다르듯 접시도 모양이나 형태가 다르다. 그 접시에 맞는 반찬이 담겨야 보기 좋고 맛 또한 좋은 음식상으로 변한다. 속이 깊은 접시에 콩자반이 담겨 나오면 어울리지 않고 얕은 접시에 국물이 많은 반찬을 담으면 흘러 나간다. 사람 개개인 성격에 맞춰 상대하듯 접시도 모양과 형태에 맞춰 그에 맞는 반찬을 담아야 어울리고 제 본연의 맛을 낼 수 있기 때문이다.

나의 인생 접시는 평탄하지만은 않았다. 한창 젊은 시절 불의의 사고로 인해 인생 접시가 이빨이 빠지고 금이 가고 형편없이 망가져 버렸다. 오랜 기간 동안 병원 생활을 하며 파손된 부위를 수리하여 겨우 정상을 찾을 수 있었지만 그 사건이 있은 후 두려움에 떨며 하루하루 좋은 음식만 담겨지길 기도했었다.

오늘은 갈비가 담겨져 나왔다. 연하고 구수한 갈비다. 기다렸던 반찬이라 왠지 모든 일들이 술술 풀릴 것 같은 좋은 예감이 든다. 적중했다. 원했던 모든 일들이 생각대로 잘 체결되었다. 기분 좋은 하루다.

질기고 맛없는 반찬이 담겨 있다. 보기만 해도 기분이 상한다. 불길하다. 하루 종일 몸이 나른하고 좋지 않다. 감기몸살이 올 것 같다. 하고자 하는 일도 되지 않고 뒤엉킨다. 어수선했던 하루다.

앞으로 내 식탁에 올라오는 접시에는 힘들고 어려운 일이 없는 무난한 반찬들만 가득 차 올라오면 좋겠다. 아니다, 올라오도록 노력해야겠다. 기다리지 말고 만들어 올리겠다.

많은 사람이 모여 사는 사회다. 사람마다의 접시에 무엇이 담겨 있느냐가 중요하다. 크기도 다르다. 어떤 접시에 어떤 반찬을 담느냐에 따라 맛도 달라질 것이다. 내 인생의 접시는 모가 나지 않고 깔끔하고 예쁜 접시에 모두의 입맛에 맞는 반찬이 담기도록 해 보아야겠다.

오늘도 멋지게 지지고 볶고 요리하여 나의 인생 접시에 담아 내놓는다. 많은 사람들을 즐거움과 영양을 줄 수 있도록 말이다.

빈방

깊은 밤. 잠에서 깨어 집안을 서성거렸다. 아들딸들이 사용하던 방들이 휑하니 비어있다. 들어가 보니 퀴퀴한 냄새가 반겨준다. 다함께 북적이며 살 때가 어제 같은데 어느덧 성장하여 떠나가고 빈방만이 자리하고 있다. 그동안 그들이 사용했던 가구와 사진 책들만이 남아 빈방을 지키고 있다. 이처럼 지금은 빈방이지만 한참 때는 시끌시끌했던 방들이었다. 그런 방을 들여다보다가 문득 내 인생은 방이 얼마나 비어가고 있을까를 생각해 보았다.

이른 봄, 옥수수 씨앗 파종을 시작으로 참깨, 땅콩, 고구마, 고추 등 한 가지 한 가지 밭에 심겨진다. 그러다보면 어느새 밭이 가득 차 빈자리가 없다. 벌레를 잡아주고 풀도 뽑아주고 정성으로 가꾸다 보면 빠르게 성장하여 알알이 익어간다. 바람 따라 살랑살랑 춤을 추고 해가 지면 잠을 잔다.

어루만지고 보살펴주다 보면 어느새 익어가는 냄새가 바람 타고 풍겨온다. 그동안 길러주느라 고생했으니 수확의 즐거움을 맛보라고 탱글탱글 알차게 영근다. 익어가는 모습은 색깔로 가늠할 수 있었다. 옥수수는 수염을 검게 나타내고 참깨는 누렇게 입을 벌려 나타낸다. 땅콩은 잎에 주근깨를 그려내면 익은 것이고 고구마는 두둑을 볼록하게 밀어 올리면 캐라는 신호다. 고추는 파란 고추가 새색시 볼처럼 빨갛게 붉어지면 익었다는 신호다. 그런 식으로 저마다의 방을 비워줄 준비가 되었음을 알려준다.

잘 익은 곡식을 한 가지 한 가지 수확하다 보면 가득했던 밭이 점점 비워진다. 곡간은 채워졌지만 밭은 휑하니 비워진다. 마치 성장하여 집나간 아들딸 방처럼 쓸쓸히 비워진다. 허전함을 갖지 않으려고 수확을 늦추면 열매는 늙어 시들어 버린다. 좋으나 싫으나 때를 놓치지 말고 거두어 들여야 한다. 어차피 언젠가는 떠나간다. 때가 되면 비워져야 할 방이 아니던가.

한때 옹기종기 모여 시끌벅적거렸던 방들이다. 텅 비어 빈 방이 되어 쓸쓸하다. 봄부터 가을까지 지지배배거리며 조잘대다 겨울이 다가오자, 강남으로 떠나버린 제비집처럼 조용하다.

가을 성묘객들을 위협했던 장수말벌집의 방들도, 어느새 텅 비어 빈방만이 쓸쓸히 가지에 매달려 있다.

내 인생의 집에는 여러 개의 방들이 있었다. 어린이 방, 학생 방, 직장 방, 이런 방들은 이미 비워져 빈방이 되었다. 이제 나에게 남은 방은 몇 개 없다. 그 방들이 비워져 나가기 전에 알차게 가꾸고 정리하여 보기 좋게 꾸며놓고 살고 싶다. 오손도손 둘만의 방도 더 아름답게 꾸려나가고 글방도 새로이 만들어 그곳에서 꿈도 노후의 행복을 꿈꾸며 살아보고 싶다. 누구나 갖는 소망일 것이다.

오늘은 아들딸들이 손자 손녀를 데리고 놀러왔다. 텅 비어 있는 방들이 가득하다. 아이들의 옷가방과 장난감들이 어지럽혀져 있다. 마치 작물을 심은 밭에 잡초가 무성하게 자라 너저분해진 것 같은 느낌이 들었다. 잡초를 뽑는 마음으로 정리를 해본다. 가면 오고 비움은 채움을 준다. 비워야 채울 수 있다. 빈 밭은 내년이면 다시 가득 찰 것이다. 그러기에 오늘은 추수를 하여 비워준다.

이제 다 비워진 밭 한 귀퉁이에 쪽파가 남아 쓸쓸히 밭을 지키고 있다. 넓은 집에서 안방을 지키고 있는 나와 아내의 인생 같다. 한때 번창했던 시대가 지나면 새로운 세대가 들어선다. 이제 나의 밭은 한 세대가 물러났고 아들딸들의 세대가 들어서고 있다. 아들딸 방 손자 손녀의 방, 모두 가득하다. 왕성했던 나의 전성시대는 지나가고 자연스럽게 대물림이 이뤄졌나 보다. 곡식을 거둬들여 텅 비었던 밭에 이듬해 다른 곡식을 심어 가득 채워지듯 대물림이 이뤄지고 있나 보다. 그들의 밭에는 이미 방마다 작물들이 가득 들어차 있다.

작물들마저 사라지면 아무것도 없는 빈 밭이 되고 만다. 집 안의 모든 방들이 다 비워지기 전에 다른 무언가로 채워 보았으면 한다. 그래서 쓸쓸함을 메워보려 한다. 꼭 사람으로만 방을 채우라는 법은 없다. 나의 집 빈방을 메워줄 방법을 찾아 가득 채워 보겠다.

모두 제자리로 돌아갔다. 다시 빈방이다. 하지만 오늘 밤은 방들이 가득 차 보인다. 쓸쓸하지 않다. 혼자 생활했던 방에 가족으로 돌아와 가득하다. 빈방은 빈방이 아닌 채움으로 가득한 방이었나 보다.

벽화 마을

골목을 들어서니 벽마다 그림이 가득하다. 사람, 연탄 등 옛 추억을 떠올리게 하며 시선을 이끈다. 골목 어디선가 가위를 짤깍거리며 엿장수가 나타날 것 같다. 지나치는 바람마저 옛날 바람이다. 요즈음 어딜 가든지 벽화가 그려져 있어 관광객들의 시선을 끈다. 지역 특색에 맞는 그림으로 채워져 있다.

하루의 쉼터, 피로를 동반하고 잠자리에 들었다. 가로등 불빛이 집안 곳곳을 방문할 즈음 단잠에서 깨어나 밖으로 나왔다. 거실을 이리저리 오가고 있는데 갑자기 누군가가 나타났다. 깜짝 놀라 바라보니 검은 그림자가 움직이고 있다. 가로등에 비춰진 나의 초상화였다.

정신을 가다듬고 이곳저곳 살펴보니 벽마다 벽화가 그려져 있다. 뚜렷한 형체를 알 수 없지만 그 벽화 속을 내가 지나치고 함께하며 있는 것이다. 누구의 솜씨일까, 나무도 있고 난간대도 있다. 자세히 살펴보니 벽화에 나타난 그림의 주인공은 베란다 난간대와 화분, 아파트 정원의 단풍나무 그림자였다. 흑백으로 그려진 벽화가 반갑다고 손짓하듯 흔들린다. 집안에 벽화마을이 만들어져 있다.

가로등은 늦은 시각까지 근무하며 홀로 벽화를 그리고 있었다. 잠에서 일찍 깨어난 나의 무료함을 달래주려고 열심히 그려내고 있었다. 달 없는 그믐밤엔 가로등 홀로 쓸쓸히 그려내고, 달빛 밝은 날에는 둘이 합작으로 그려준다. 그런 날에는 그림이 겹쳐지기도 한다.

비 내리는 날 밤, 베란다 유리창에 빗방울이 맺히면 벽화마을엔 또 다른 세상이 펼쳐진다. 물방울이 그려내는 오묘한 세상이 그림이 되어 나타난다. 흑백이 아닌 오색찬란한 영롱한 빛깔로 그려진다. 보는 사람 없어도 열심히 그려낸다.

벽으로 가로막혀 소통이 차단된 사람들의 마음을 열어주려고 벽화가 탄생된다. 웃음 주고 다독여주는 화목한 가정을 만들며 살아가라고 멋진 벽화를 선사한다.

바람 부는 날에는 한 편의 영화를 감상하는 것 같다. 흔들리는 나뭇가지가 제작하는 한편의 영화는 말 타고 전쟁하는 장면도 연출하고, 에로 영화도 제작한다. 눈 비 내리는 날에는 웅장한 폭포도 등장하고 별빛 내리는 장면도 연출한다. 집안이 훈훈해진다.

벽은 경계다. 모든 것을 분리한다. 국가와 국가, 방과 방을 나누는 답답한 구조물이다. 벽은 허물어야 한다. 답답함을 해소시키려 벽화를 그려 넣음으로 딱딱함을 날려준다. 벽화는 아름다움을 추구하는 평화다. 벽을 무너뜨리는 역할을 한다. 넘어설 수 없는 장벽을 그림으로 넘나들게 한다. 이웃과의 막힌 벽을 벽화가 열어준다.

깊어가는 밤. 가로등의 유일한 친구 경비아저씨의 모습도 벽에 그려진다. 다양하게 살아 움직이는 우리 집 벽화다. 깜짝 등장했다 사라진 아저씨를 대신해 달빛이 찾아든다. 벽화는 다시 겹쳐져서 그려진다. 한밤의 무료함을 달래주는 벽화감상, 어느새 날이 밝아온다. 벽화는 가로등과 슬며시 퇴근한다.

바쁜 일과 속에서도 집집마다 찾아가 시름을 달래주고, 웃음을 주며 화해도 시켜주는 벽화. 벽화 속에서 삶을 찾고 인생을 스케치해 본다. 벽화가 지겹다 느껴지면 바람이 불어 교정해준다. 우리네 인생도 지겹다 생각될 때 슬쩍 바람이 불어주어 흔들어 주었으면 하는 바람으로 살아간다. 태풍이 아닌 행복 가득한 미풍으로….

멈춰진 시계

하루를 시작하는 힘찬 기지개를 켰다. 몇 시일까 하고 시계를 봤더니 조용히 잠들어 있다. 건전지 수명이 다 되었나보다. 마침 마트에 다녀올 일이 있어 건전지를 사가지고 왔다. 벽에 걸린 시계를 내려 건전지를 교체하려고 하다 문득 시간을 보니 3시에 멈춰져 있다. 순간 지금 내 인생의 시계는 몇 시를 가리키고 있을까 생각해 보았다.

벽시계는 3시에 멈추었다. 정오부터 따사로운 햇살을 받아 기온이 가장 상승되어 있을 시간이다. 내 인생도 지금이 젊었을 때의 열기를 받아 가장 따뜻한 시기에 도달해 있을 때이다. 시계처럼 숨 가쁘게 돌고 돌던 장년기를 지나 이제 잠시 차 한

잔의 여유를 즐길 수 있는 중년기가 되었다. 다시 시작하는 재충전의 시기를 맞이했다. 멈춰진 시계를 보며 지난 시간을 되돌아볼 수 있는 계기가 되었다.

어린 시절을 부러움 없이 건강하게 자랐다. 학교도 졸업하고 성년이 되어 병역의무도 마쳤다. 군 제대 후 직장을 갖게 되고 직장 동료들과 함께 근무하며 즐겁게 생활하다 결혼도 하게 되었다. 하루 1,440바퀴를 돌고 있는 초침처럼 쉴 틈 없이 달려왔던 세월이다.

가정을 갖게 되니 책임감에 더욱 열정적으로 직장과 가정을 오갔다. 끊임없이 돌고 도는 시곗바늘처럼 쉬지 않고 일했다. 주말이 되면 가족들과 시골에 계신 어른들을 찾아뵙고, 일손도 도와드리고 함께 여행 다니며 맛있는 먹거리도 즐겼다.

오랜 세월 동안 끊이지 않고 계곡을 흘러내리는 물처럼 뒤돌아볼 시간 없이 흘러온 인생이다. 거꾸로 돌지 않는 시곗바늘처럼 앞만 보고 한 방향으로 달려온 세월이다. 천천히 돌고 있는 시침을 부러워하지 않고 나름의 소신을 갖고 달려왔다. 옆을 살펴볼 시간조차 없었다.

시간이 흐르자 집안에 변화가 오기 시작했다. 어른들께서 한분 두분 우리 곁을 떠나셨다. 가족이 줄어드나 했더니 다시 가족이 늘어났다. 성장한 아들딸이 결혼하여 사위와 며느리를 데려왔다. 시간이 조금 더 흘러가자 아버지 어머니께서 가족의 굴레에서 벗어나셨다. 그러자 손녀와 손자가 태어나 다시 합류하여 전체 가족은 또다시 정상을 회복했다. 가족의 숫자도 시계에 새겨진 숫자처럼 정해져 있나 보다.

멈출 줄 모르고 돌아가는 시계는 어느덧 나를 정년퇴직으로 몰아냈다. 인생 다 살았구나 하는 생각이 들었다. 이제 어떻게 무엇을 하고 살아갈까 고심했다. 주변에선 지금까지 고생했으니 편하게 즐기며 살라고 이야기들 해준다. 무엇을 하며 즐길까 방법이 중요하다. 먹고 노는 방법을 찾아야 할 것 같았다.

운동도 해보고 영화관도 찾았다. 가족과 여행도 다니고 논밭에 나가 농사일도 해보았다. 서서히 적응되기 시작했다. 그러면서 생각했다. 이제 나는 왕성했던 장년기를 넘어서 절정기에 도달했다는 것을 알게 되었다. 햇볕이 가장 강렬한 정오가 지나 낮잠 한숨 즐기고 난 오후 3시에 도달했다는 것을 깨닫게 되었다.

시계는 3시에 멈춰져 있다. 어둠까지 가기엔 아직 많은 시간이 남았다. 한참 낮잠을 즐기고 다시 일터로 나갈 시간이다. 또다시 열심히 땀 흘리며 남은 시간을 즐기며 노력해야 하겠다. 바쁘게 돌아가는 시곗바늘을 따라 돌지 말고 차분한 마음으로 돌면 도는 대로 내버려두고 나만의 길을 찾아가야 하겠다.

건전지를 갈아 넣어주니 시계가 힘차게 돌아간다. 멈추었던 시계는 나에게 나의 인생의 시간이 3시쯤 되었으니 더욱 열심히 살아가라는 경각심을 불어넣어 주려고 멈추었던 것 같다.

뜨겁고 열정적이었던 시간이 지난 3시. 서산으로 기울기까지는 아직 많은 시간이 남았다. 가장 아름답게, 가장 멋지게 남은 시간을 보내기를 다짐해본다.

(2016. 1. 27.)

우물 안 개구리

손녀 지수와 용인에 있는 놀이동산에 갔다. 수십 종의 놀이기구가 있었지만 지수가 아직 어려 이용하지 못한다고 하여 사파리월드로 갔다. 긴 시간 줄을 서서 기다렸다가 철창이 쳐진 버스에 탑승했다. 우리가 도리어 갇혀있다는 느낌이 들었다.

운전기사의 안내방송과 함께 버스가 출발했다. 맹수 우리를 들어가려면 살벌한 철책문 2개를 거쳐야 한다. 손님이 왔는데도 제 할 일만 한다. 배가 고픈 맹수는 관람버스 주변을 서성이며 운전기사가 던져주는 먹이를 기다리고 있다. 다른 맹수들은 배가 부른지 관심도 없이 낮잠을 즐기고 있다. 사자와 호랑이가 사랑을 나누어 만들어낸 걸작 라이거도 볼 수 있다. 다음엔 곰 우리로 들어갔는데 역시 재주는 곰이 부린다. 곰은 관람버스가 다가오면 창가로 다가와 운전기사가 시키는 대로 재주를 부리고 건빵을 받아먹는다. 건빵을 먹기 위해 계속 재주를 부리고 건빵을 던져주면 곰은 입으로 척척 받아먹는다.

맹수 우리를 돌고 출발지에 도착했다. 모두 버스에서 내려 출구로 나오는데 문득 철책 안의 동물들이 생각났다. 내가 철창이 쳐져있는 버스 속에 있을 때 나를 보고 동물들이 웃었을지 모른다는 생각이 들었다. 내가 철창 속에 갇혀 살고 있다고 생각했을 것이다. 넓게 자신들을 둘러싸고 있는 철책을 알지 못하기 때문이다.

우리가 살아가는 데 있어서는 모든 이치가 생각하기 나름이라고 본다. 겨울이라고 하면 춥다고만 생각하지만 겨울엔 하얀 눈이 있어 온 산하를 액자에 담는다. 여름은 덥게 느껴지지만 계곡과 해수욕을 즐기고 느낀다. 우리는 우선 와 닿는 고통만 생각하지 말고 이면에 펼쳐지는 즐길 거리도 느낄 줄 알아야 한다.

우리 속에 갇혀있는 동물들은 자신들이 갇혔다는 사실을 알지 못하고 살아간다. 그러면서 철창 버스 속의 사람들에게 왜 갇혀 사느냐고 반문할 것이다. 단순하게 눈에 보이는 현실만으로 판단하기 때문이다. 눈앞의 현상만으로 모든 것을 느끼고 받아들이기 때문이다.

사파리월드를 나온 우리들은 아마존 익스프레스에 들러 튀어 오르는 물에 엉덩이를 적시며 짜릿함을 맛보았다. 페스티벌 트레인을 타고 잘 꾸며진 정원을 한 바퀴 돌며 형형색색 피어있는 꽃과 분수를 구경했다. 무리 지어 피어있는 꽃들은 서로 어우러져 멋진 꽃밭을 장식하고 있다. 하나하나 따로 떨어져 있으면 돋보이지 않을 터인데 함께 어우러져 서로를 받쳐주니 더욱 빛을 발하게 된다. 참으로 아름답다.

외대로 떨어져 하나씩 아름다운 색깔을 지닌 버섯은 독버섯이다. 무리 지어 다발로 자라나는 버섯은 식용이다. 혼자 외롭게 살아가는 독버섯 같은 인생을 살지 말고 모두가 한데 어우러져 공생 공존하며 살아야 하겠다. 자기 자신만 주장하고 내세우면 우리 안 동물과 다를 바가 없을 것이다.

우물 안 개구리는 처해진 환경에 만족하고 행복을 느끼며 살아간다. 더 좋은 환경과 조건을 갖춘 넓은 세상이 있다는 것을 알지 못하기 때문이다. 간혹 지나치는 새를 보고 UFO라고 판단할 수도 있다. 그들의 하늘은 동그랗고 네모질 뿐이다. 태풍도 없고 가뭄도 없다. 그래도 그들은 그 안에서 행복을 느끼며 살아가고 있다.

집으로 돌아오는 길은 피곤하다. 창밖의 풍경은 그림처럼 자유롭게 지나간다. 사파리에서 타고 있던 철창버스와는 전혀 다른 느낌이다. 잠시 동안이었지만 우리는 우리 속에 갇혀있던 신세였다. 동물들의 구경거리가 되어 주었었다. 입장이 바뀐 것이다. 우리에 갇힌 동물의 입장에서 생각하고 그들을 바라보고 세상 보는 안목을 넓혀야 하겠다고 생각해 보았다.

(2015. 10. 15.)

5. 해를 등진 해바라기

산밭에 핀 도라지꽃 | 자연 미용사 | 까만 손 | 감꼭지
해를 등진 해바라기 | 휴가 중 | 고목나무에 핀 꽃
바닥난 통장잔고 | 옥수수 | 겨울여행 | 새순

산밭에 핀 도라지꽃

아내와 산에 올랐다. 40년 전 할아버지께서 팔밭을 일궈 농사를 지으셨던 밭이 있었던 곳이다. 인삼을 재배했었고 이후 뽕나무를 심어 누에를 쳤던 산밭이다. 아까시나무가 꽉 들어차 있었다. 밭은 형체도 알아볼 수 없게 사라지고 그냥 산이 되어 버렸다. 묵으면 산이 되나보다. 사람도 돌보는 이 없이 방치되면 저렇게 쓸모없이 되겠구나 생각해 보았다. 씁쓸한 마음으로 내려와 집으로 돌아왔다.

예전엔 밭이었었는데 그냥 묵힐 수만은 없다는 결론을 내렸다. 아내와 머리를 맞대고 궁리한 끝에 기관지에 좋다고 하는 도라지와 더덕을 심기로 했다. 결정을 하고 나니 마음이 바빠졌다. 얼른 서둘러 무엇이든 해야 할 것 같아 조바심이 일었다.

다음날 궤도가 달린 02굴삭기를 계약했다. 밭 전체에 꽉 들어차 있는 아까시나무부터 제거해야 하기 때문이다. 뿌리째 캐내어야 하기에 굴삭기가 필요했다. 옛날 할아버지께선 불을 지르고, 타고 남은 뿌리를 삽과 괭이로 모두 캐내셨다. 혼자 손으로 작업하니 몇 날 며칠이 걸렸었다.

약속한 날짜에 일찍 현장에 도착했다. 장비도 벌써 도착하여 준비를 마친 상태였다. 산 계곡으로 길을 내가며 오르기 시작했다. 한참 만에 산밭에 도착하여 아름드리 아까시나무를 뽑기 시작했다. 나무가 너무 커서 작업은 결코 쉬운 일이 아니었다. 넘기려고 하는 자와 버티려고 하는 나무와의 사투가 계속 이어지다가, 해 꼬리가 쥐꼬리만큼 남았을 때서야 겨우 마칠 수 있었다. 완벽하지는 않았지만 나름 계획했던 대로 잘된 것 같았다.

그 후 며칠을 오르내리며 남은 잔뿌리 제거작업을 했다. 장비로 다듬은 밭은 울퉁불퉁하여 삽과 괭이로 정지작업도 병행했다. 씨를 뿌려 가꾸려면 물빠짐이 좋아야 하기에 배수로 작업도 함께했다. 손에 물집이 잡히고 팔다리가 뻐근했다. 드디어 밭의 형체가 드러났다. 옛날 모습을 다시 찾았다. 고생 끝에 맛보는 짜릿한 희열을 느꼈다.

어느 정도 정리를 마치고 도라지와 더덕 씨앗을 심었다. 파종 작업은 비교적 간단하여 쉽게 마칠 수 있었다. 이젠 모든 것이 끝났다. 새순이 돋아나 자라주기만 하면 된다. 파종 작업을 마치고 아들 딸, 손자 손녀와 도라지 · 더덕무침과 구이, 조청을 달여 먹는 행복한 상상을 즐겼다. 새콤달콤한 도라지 무침과 더덕구이를 생각하면서 침샘을 폭발시켰다. 우물가에서 숭늉을 찾는 격일까? 아무튼 고생한 보람을 느꼈다.

얼마 뒤에 다시 산밭을 찾았다. 새순이 뾰족이 돋아나 밭이 파랗다. 한겨울의 보리밭을 보는 것 같았다. 귀엽고 예쁜 새싹들이 바람에 나풀나풀 흔들리며 반겨 주었다. 뿌듯했다. 비록 힘은 들었지만 잘한 일이라고 내 자신을 스스로 칭찬했다. 아까시나무로 가득했던 산이 이렇게 아름다운 밭으로 재탄생하다니 사람 손이 무섭다는 걸 새삼 느낄 수 있었다.

기쁨은 그리 오래가지 못했다. 여름이 되자 조금씩 남았던 아까시나무 뿌리에서 움이 돋아나 쑥쑥 커 올라온다. 잡초도 먼저 자라 도라지, 더덕 순을 위협했다. 처음엔 대수롭지 않게 생각하고 뽑아냈다. 한참의 간격을 두고 올라가 보면 점점 세력이 강해져 밭을 뒤덮을 기세다. 어느 것이 아까시고 어느 것이 더덕 도라지인지 분별하기조차 어렵다. 힘닿는 데까지 열심히 뽑아냈다. 손은 가시에 찔려 아리고 다리는 가시에 긁혀 상처가 줄을 선다. 그래도 제거하지 않으면 그동안의 노력이 헛되이 되기 때문에 이를 악물고 뽑고 자른다. 그러다 결국 한계에 도달했다.

자연을 이길 수는 없나 보다. 풀과 아까시나무는 제거하면 돋아나고 또 제거하면 돋아났다. 결국 포기해야 했다. 얘네들은 이렇게 서로 어울려 살아야 하나 보다. 어울림, 자연의 섭리로구나 하는 결론을 내렸다. 마음이 홀가분했다. 그 후 한동안 산밭을 찾지 않았다.

고생고생하며 4년이란 세월이 흘렀다. 아까시나무 사이로 보랏빛 꽃과 하얀 꽃들이 밭을 수놓고 있다. 아름답다. 더덕넝쿨은 아까시나무를 타고 올라가 칭칭 감고 꽃을 피웠다. 꽃이 왕관처럼 생겼다. 승자의 왕관인가. 그 광경을 보며 느낀 바가 있다. 아무리 제거해도 아까시아나무는 돋아난다. 도라지, 더덕과 함께 어우러져 살면서 아까시나무가 어깨를 내어줘 지지대 역할도 하고, 더운 여름날 도라지에게 음달을 제공해줘 더위를 식혀주고 있다는 걸 깨달았다.

이제 산밭은 산야초시장이 되었다. 장사 속에서 장사를 해야 한다고 했다. 나물 속에서 나물이 자란다. 사람 속에서 사람이 살아가는 것처럼 도라지 · 더덕 점포 옆에 취나물 가게가 들어섰다. 또 그 옆엔 땅두릅 가게도 문을 열었다. 시간이 지나 소문을 듣고 잔대 가게도 들어섰다. 두릅 가게는 내가 이주시켜 주었다. 옛날 시골 5일장을 연상케 한다. 앞으로의 계획이 있다면 시장이라는 이름에 걸맞게 민들레, 쑥, 고사리, 엄나무들도 유치해 보아야겠다. 시장바구니만 들고 나서면 봄부터 가을까지 마음껏 쇼핑하는 나만의 시장으로 육성해야겠다.

산밭은 화원으로 변했다. 봄에는 아까시꽃, 뒤를 이어 도라지 · 더덕꽃이 핀다. 망초꽃도 피고 늦가을까지 취나물꽃이 하얗게 피어있다. 꽃을 따다 차로 우려먹고 꽃 비빔밥도 즐긴다. 향기로운 꽃향기에 취해 피로가 사르르 사라진다.

원수처럼 대했던 아까시나무와 잡초들이었다. 산밭에 오르기조차 싫었던 적도 있었다. 손이 모자라 포기하고 함께 자라게 하기를 정말 잘한 것 같다. 이제와 생각해보니 어제의 적이 오늘엔 친구가 되었고 대가로 건강까지 챙겨주고 있다. 이 얼마나 고마운 일인가.

산밭에 올라 도라지 · 더덕 일부를 수확했다. 굵고 향 짙은 도라지 더덕이 눈에 들어오는 순간 함성을 질렀다. 감동이다. 가슴이 벅차오른다. 가시에 찔리고 긁혔던 지난날들이 머릿속에 떠오른다. 고생은 했지만 결과가 좋으니 만족하다. 이젠 내년부터 정식으로 수확하여 아들딸, 손자손녀, 이웃과 나눠 먹어야겠다.

도라지꽃이 산야초 사이로 바람에 흔들리며 손짓하고 있는 산밭에 올라, 자연의 공생 공존을 배워본다. 자연을 통해 인생의 살아가는 방법을 알아가고 있다. 진정한 삶의 방법을 깨닫게 한다. 잘난 사람 못난 사람 차별하지 말고, 풀 뽑듯 뽑아내지 말고, 함께 어우러져 살아야 한다는 진리를 터득했다.

하루 일상을 마치고 집에 돌아와 지친 몸을 침대에 맡긴다.

산밭에 핀 도라지꽃이 손짓하며 나를 부른다. 시간이 날 때마다 놀러와 함께 어울리자고.

자연 미용사

바람에 풀잎이 흔들린다. 빗방울이 떨어지자 파르르 떨며 물방울을 매단다. 장마철 후텁지근한 날씨가 지속되면서 막사 주변 언덕에 풀이 무성하게 자랐다. 폭우가 쏟아지든 마른장마가 지든 장마는 장마다. 장마철이면 언덕과 밭고랑에 풀이 무성하게 자란다. 감당하기 어려우리만치 하루가 다르게 자란다.

언덕의 각종 꽃나무들과 풀이 뒤엉켜 귀신이 나올 듯 스산하다. 옛날 장발족이 몇날 며칠 감지 않아 뒤엉킨 지저분한 머리 같다. 막사 주변이 이리저리 뒤엉켜 혼란스럽다. 어떻게 풀어야 할지 걱정이다.

소소한 밭일이 피곤했던지 햇살이 방안 가득 점령했을 때서야 겨우 일어날 수 있었다. 거울에 비춰진 모습을 바라보니 몇 가닥 남지 않은 머리카락이 언덕의 풀처럼 뒤엉켜 있다. 태풍에 쓰러져있는 논바닥의 벼들 같다. 옆에서 자고 있어야 할 아내가 보이지 않는다. 혼자서 일하러 밭에 나갔나 보다. 문을 열고 밖을 내다보다 깜짝 놀랐다. 아침 햇살을 머금고 단정한 모습으로 환하게 웃고 있는 언덕이 눈에 들어왔다. 싱그러운 아름다운 자연미를 뽐어내는 색다른 언덕이다.

풀을 가위로 잘랐는지 아니면 낫으로 잘랐는지 미용실을 다녀온 아가씨 모습으로 변해 있었다. 빗질을 필요로 하지 않을 만큼 짧게 깎은 언덕에선 예쁜 소녀의 단아한 모습이 나타났다. 잘 정돈된 꽃나무, 그 사이사이를 예쁘게 깎아 꽃나무를 돋보이게 만든 미용술은 예술이었다.

아내의 가위손이 스쳐 지나간 언덕은 빛이 났다. 옛날 중학교 다닐 적 생각을 떠올리게 했다. 남학생은 까까머리, 상고머리를 했고 여학생은 단발머리를 했었다. 단아하고 예쁜 단발머리. 가수 조용필이 노래했다. "비에 젖은 풀잎처럼 단발머리 곱게 빗은 그 소녀" 비에 젖은 풀잎이 얼마나 아름답기에 단발머리에 비교했을까. 나도 단발머리 소녀를 좋아했던 적이 있었다. 그러나 그 소녀는 풀잎에 맺혔다 굴러내려 냇물 따라 흘러가버린 빗방울처럼 떠나가고 말았다. 아내는 그 소녀를 의식하고 빗방울이 맺힐 수 없게 풀잎을 잘라냈는지 모른다.

미용사는 모양만 다듬는 게 아닌가 보다. 추억과 마음도 함께 다듬나 보다. 밭에 풀이 돋아나면 친정엄마 머리의 흰머리 뽑아주듯 주저앉아 뽑아낸다. 그러면서 엄마를 떠올리나 보다.

사람은 가꿀수록 멋이 난다. 자연도 매한가지다. 깎아주고, 다듬어주고, 심어주고, 가꾸어주면 빛이 난다. 그러나 자연은 인간의 간섭을 싫어한다. 사람과 달리 자연은 손보지 않아도 스스로 주변과 어우러지며 멋을 창출할 줄 아는 능력을 보유하고 있다. 사람이 가꾼 자연환경과 자연 스스로가 만들어낸 환경은 전혀 다르다. 인간은 감히 흉내 낼 수 없을 정도로 자연 미용사는 아름다움을 연출해 낸다.

우리에게 피해를 준다고 적은 아니다. 언젠가 그들로 인해 내가 곤경에서 벗어날 수 있는 그런 날도 있을 것이다. 장마철 산사태도 막아주고 홍수 예방도 해줄 것이다. 우리는 뒤엉킨 풀숲엔 발걸음하기 싫어하지만 잘 깎고 다듬어진 풀밭에선 가족이나 연인들이 자리잡고 휴식을 즐긴다. 그것이 미용사의 손길이다.

까만 손

호두나무는 대를 이어 사랑을 담고 있다. 그 사랑은 9월이면 나의 손을 까맣게 물들인다.

'만지작만지작' 청설모 한 쌍이 호두나무 가지 사이를 오가며 호두를 만져보고 있다. 아기들 먹거리를 구하러 왔나 본데 아직은 설익었는지 만져보기만 하고 돌아간다. 그런 청설모에게 호두나무가 조금 더 기다리라는 듯 가지를 흔들며 배웅한다.

호두나무는 약간의 매캐한 냄새가 난다. 평소엔 느껴지지 않지만 비가 내리는 날이나, 바람이 불면 그 냄새가 코에 와 닿는다. 그래서인지 병균도 해충도 침입하지 못한다. 나는 먹고 싶은 마음이 들지 않는다. 그런데도 청설모는 맛있다고 아이들

몫까지 챙긴다.

자연은 머물러 있지 않고 쉬지 않고 순환한다. 깊은 가을로 접어들면 호두알을 익게 한다. 옛날 할머니들은 사내아이 사타구니를 보며 호두알이 달렸다 했다. 석류가 익으면 입을 벌려 속의 빨간 알을 보여 주듯 호두알도 녹색 외과피를 벌려 갈색의 내과피를 보여준다. 밤도 고슴도치 같은 껍질을 벌려 알밤을 땅으로 내려 보낸다. 아마 가을은 벌림의 계절인가 보다.

성질 급한 사람은 호두 먹기가 힘들다. 외과피를 벗기면 딱딱한 내과피가 나오고, 내과피를 돌이나 망치를 이용해 벗기면, 호두알이 나오는데 또 노란껍질로 싸여있다. 이를 벗기고 하얀 속살이 드러나면 먹어야 한다. 고소하고 맛있다. 지루한 기다림을 날려버리는 황홀한 맛이다. 급하다고 노란 껍질째 먹으면 떫으니 그야말로 고진감래이다.

호두는 대추, 밤, 감처럼 쉽게 만날 수 있는 열매는 아니다. 마트에서 판매하는 데가 그리 많지 않다. 맛이 없어서일까, 찾는 사람이 없어서일까. 만나기가 쉽지 않다. 대추나 밤은 닭백숙에 들어가 소비가 많은 반면 호두는 일반적 요리에 사용되는 일이 거의 없는 것 같다. 땅콩처럼 간식으로 주로 사용되는 견과류이기 때문인가 보다.

호두는 우리 건강에 꼭 필요한 견과류이다. 인간의 뇌와 구조가 비슷하고, 불포화 지방산을 포함하고 있어 두뇌 건강과 피부 미용에 좋은 식재료라 한다. 《동의보감》에서도 기관지가 약한 사람에게 좋고 폐의 기운을 모으며 천식을 다스린다고 했다.

호두는 고려 충렬왕 16년 영밀공과 류창신이 원나라에서 가져와 천안 광덕사에 심어 전파되었다고 전해진다. 나무 특성상 접목이 잘 되지 않아 주로 씨앗을 심어 실생묘로 번식시켜 심겨졌다고 한다. 그래서 광덕사가 시배지라 불리고 천안 명물 호두과자가 탄생하게 됐나 보다. 지금도 광덕사에 가면 처음 심은 호두나무가 있다.

해마다 9월 말경이면 내 손은 까맣게 물든다. 오래전 내게 준 아버지의 선물이다. 올해는 조심해야지 하면서도 호두를 따고 온 다음 날이면 어김없이 손이 까맣게 물들어 있다. 창피하여 손을 내밀기 싫지만 어느새 잊고 손을 내민다. 자랑스러운 아버지의 선물이라 그런가 보다.

아버지는 아들 손자를 생각하며 호두나무를 심었다. 당신을 위한 것이 아니고 아들 손자를 생각하며 심었다. 몇 십 년이 흐른 지금 아들과 손자, 증손자까지 맛있는 호두를 먹으며 건강한 겨울을 따뜻하게 지내고 있다.

까맣지만 예쁜 손을 보여주며 아버지의 고마움을 이야기한다. 감사합니다.

(2019. 10. 16.)

감꼭지

분이 뽀얗게 난 곶감을 한 개씩 들고 먹으며 저녁 시간의 여유를 즐긴다. 추운 겨울을 추녀에 매달려 견뎌낸 곶감이다. 지난봄 왕관을 닮은 꽃을 피우고 감이 맺혔다. 감꼭지에 매달려 여름을 나고 가을엔 성숙됐다. 볼에 연지 곤지를 바르고 발갛게 익어갔다. 각자 곶감과 홍시로 이름표를 바꿔 달았다. 겨울 내내 홍시를 담아두었던 단지는 텅 비었고 곶감만이 남았다. 봄의 나른함으로 기쁨의 맛을 넘겨주고 있다. 다 먹고 난 감꼭지만 접시에 남아 바람에 흔들린다.

따끈한 차로 하루를 정리해 본다. 감꼭지를 끓인 차이다. 기침과 천식 증상을 완화시켜주는 진정 효과가 있다는 차다.

따끈하게 마시고 잠자리에 들면 하루 피로를 몰아내고 편한 밤을 보낼 수 있다. 마치 엄마의 젖꼭지를 빨며 새근새근 잠드는 아기처럼 편안한 잠자리를 즐길 수 있다.

수도꼭지가 생명의 물을 공급하듯이 감꼭지나 엄마의 젖꼭지는 감과 아기에게 생명을 이어주는 수도관 역할을 한다. 엄마 사랑의 생명수를 꼭지를 통해 전해주고 있는 것이다. 그 예술적 감동의 맛을 먹고 자란 아기와 감은 건강하고 예쁘게 성장한다.

엄마의 젖꼭지는 많은 형제를 길러냈다. 태어난 순서대로 줄이어 젖을 빨고 그 에너지로 건강하게 성장했다. 엄마의 젖꼭지는 우는 아이도 달래주고 잠들게 하는 신비스러운 젖꼭지다. 젖꼭지를 통해 엄마와 아기를 이어주고, 소통하며 사랑을 전해주는 유일한 통로다. 아기의 성격을 완성 시키고 몸집을 키워준다. 면역력을 갖추고 있어 각종 질병으로부터 보호해 주기도 한다. 그런 모든 것들을 젖꼭지가 해준다.

엄마의 젖꼭지를 통해 많은 자식들이 성장했듯 감나무에 매달린 감꼭지들은 수많은 감을 매달고 지켜주며 양분을 공급하고 있다. 모자라지도 않게 넘치지도 않게 적당량을 조절하며 알맞게 공급하여 예쁘고 맛스런 감으로 탄생시킨다. 바라만 보아도 먹고 싶고 소유하고 싶은 욕망을 불러일으키게 한다.

엄마는 아기가 성장하여 성인이 되어도 지켜주듯 감꼭지도 감이 익어 단지 안에 저장되고 곶감으로 매달려도 끝까지 따라가 지켜주고 보살펴준다. 미처 수확하지 못한 감들은 잎이 떨어져 사라지고 빨간 감들만 매달려 누군가의 손길을 기다리고 있다. 그때까지도 감꼭지는 애처롭게 감을 매달고 지켜주고 있다. 현 단계를 넘어 다음 단계까지 책임을 다하며 함께한다. 시집간 딸을 가슴에 품고 사는 친정엄마의 마음과 같은 것일 게다.

아침에 일어나 찻주전자를 바라본다. 텅 빈 주전자엔 감꼭지만 덩그러니 남아 있다. 엄마의 모습으로 나타난다. 우는 아이를 달래며 입에 물려주던 엄마의 젖꼭지다. 그의 마지막 향기마저도 전해주고 떠난다. 할 일을 마친 감꼭지가 만족감을 느끼며 환하게 웃고 있다. 엄마의 웃음이다. 그러면서 작별을 고한다. 건강하게 살아가고, 감꼭지의 노력을 잊지 말아 달라고 당부한다. 아니 그런 눈빛이다. 조용히 주전자에서 꺼내들고 두엄더미에 안장한다. 그의 생은 이로써 끝을 맺고 다음 생을 준비하라고 떠나보낸다, 그의 공은 잊지 않고 아름다운 추억으로 간직하겠다고 약속한다.

해를 등진 해바라기

사소한 말다툼이 싸움으로 확대되고 고성이 오고갔다. 그 후 그들은 서로를 외면하고 있었다. 시간이 지날수록 점점 갈등은 커져갔고 해결할 방법이 없었다. 생각 끝에 한쪽을 설득하여 화해를 권유했다. 참기를 결심한 값진 희생에 화해를 했고 반면 상대는 용기를 내어 손을 내밀지 못했던 부끄러움에 고개를 숙이고 말았다. 자칫 서로가 등 돌리는 사태까지 발생할 뻔했던 아슬아슬한 일이었다.

인생을 살아가다보면 대수롭지 않은 일로 다툼이 발생한다. 상대를 이해하지 못하고 내 생각 내 방식대로 행동하기 때문에 상대에게 불쾌감을 주고 오해를 불러오게 된다. 항상 말 한마디 행동거지 하나를 신중하게 한번 더 생각해보고 해야 하겠다. 본래의 뜻과 다르게 받아들여 오해하게 된다.

농막 진입로에 심어놓은 해바라기가 예쁘게 꽃을 피웠다. 길가에 줄을 맞춰 피어있어 더욱 아름답다. 힘들었던 여름을 이겨내고 높디높은 가을 하늘만큼이나 높게 자라 파란 하늘에 노란 선을 그어놓은 듯 선명하다. 그 주변을 고추잠자리가 맴돈다.

해는 돌고 돈다. 해바라기는 신이 나서 숭배하는 신처럼 간절히 바라보며 따라 돈다. 그런데 웬일인지 이곳에 피어있는 해바라기들은 한결같이 해를 바라보지 않고 등지고 있다. 왜 그럴까. 해에게 좋지 않은 감정을 갖고 있는 것은 아닐까.

올 여름은 아주 특별했다. 최장의 폭염 기록을 세우며 온 대지를 바짝 말려 버렸다. 거북이 등처럼 갈라진 메마른 땅에서 살짝 내려준 아침이슬로 생명을 연연하며 근근이 살아온 그들이다. 내리쬐는 해를 원망하며 간간이 떠다주는 물로 목을 적셔보았지만 역부족이었다. 오히려 갈증만 더욱 심화되었다. 죽었다 깨어나기를 수십 차례 반복하며 겨우겨우 명을 유지해 왔다. 이에 질려버린 탓일까.

여름 내내 그를 괴롭혔던 해에게 단단히 화가 났나 보다. 밭에 도착할 때마다 해바라기는 거의 아사 일보 직전이었다. 물을 떠다주면 겨우 살아난다. 얼마나 힘들었을까. 또 며칠 있다 가 보면 잎이 말라있고 어깨가 축 처져있다. 물을 주면 고개를 들고 어깨를 추켜세운다. 하루하루가 안타까움이었다. 그러니 해를 좋아하겠는가. 해바라기 마음속엔 깊은 골이 파여 있을 것이다. 나라 해도 눈조차 마주치기 싫었을 것이다.

그랬던 해바라기가 당당히 꽃을 피웠다. 장하다. 보란 듯이 꽃을 피우고 해는 바라보지도 않는다. 염증을 느꼈나 보다. 지난일은 잊고 그래도 꽃을 피우는 데 역할을 해준 해에게 고마워해야할 텐데 전혀 '아니올시다.'이다. 바라보지를 않는다. 시간이 조금 지나 마음이 누그러들면 화해를 시켜 보아야겠다. 힘들고 어려울 때 물을 주어 소생시킨 나의 화해 권유를 받아들여 해바라기 본연으로 돌아갔으면 좋겠다.

누구든 힘들고 어려운 일을 겪고 나면 그쪽 방향을 바라보지도 않고 그 방향으로 가기조차 꺼려한다. 그만큼 질렸다는 뜻이다. 논산 훈련소에서 훈련을 받았던 장병들은 논산 방향으로 소변도 보기 싫어했다고 한다.

해바라기 꽃도 그래서일까, 해를 바라보지 않는다.

나는 지금까지 누구에게 선뜻 다가서지 못했다. 성격 탓일게다. 고쳐보려 노력해 보았지만 어렵다. 다가가 손잡아야 하는데 다가서지 못하고 등을 돌린다. 돌아서 안아보려 하지만 용기내어 다가가질 못한다. 나는 늘 혼자인 듯 모두에게 어울리고 있다. 과연 언제쯤 해를 바라보고 해를 바라보며 함께 돌고 있게 될까.

해바라기는 해와 소통하며 살기를 빌고 있을 것이다. 노란 꽃을 닮은 달과 소통하기를 바라지는 않을 것이다. 빨간색의 해와 놀아야 노란색이 돋보이게 되기 때문이다. 해바라기는 해를 바라보아야 씨가 영근다. 많은 사람들이 선뜻 다가서지 못하는 나에게 먼저 눈길을 주어 다가설 수 있도록 했듯이, 자연도 등 돌리고 외면하는 해바라기에게 알게 모르게 빛을 주어 씨를 영글게 해주었다.

해바라기는 하늘의 해만 바라보다 자신의 근본인 땅을 보지 못했다. 이제 해바라기의 반전이 시작된다. 해가 아닌 땅을 바라본다. 나를 있게 한 근원, 나의 뿌리가 땅에 있음을 알게 되었다. 지금까지 자신의 잘못된 인식의 고정관념으로부터 벗어나 새로운 모습으로의 변화를 시도하였다.

휴가 중

책상용 작은 달력이 '휴가 중'으로 넘어가 있다. 한 해를 다 넘기고 맡은 바 소임을 마친 후 휴가를 즐기고 있나보다.

지쳤다. 쉬고 싶다. 하지만 아침이면 출근해야 한다. 피로에 찌든 몸, 휴식이 필요하지만 쉴 수가 없다. 비 내리는 날에도 눈 내리는 날도 어김없이 출근한다. 직장을 위해서가 아니라 나를 바라보고 있는 가족을 위해서다.

누구나처럼 내 집을 갖고 아내와 아이들과 잘 먹고 행복을 누리며 살기 위해서다. 남들이 쉴 때 같이 쉬면 피로도 풀고 좋겠지만, 그러다 보면 뒤처져 인생 낙오자가 되기 쉽다. 놀 것 다 놀고 언제 집 장만하고 행복을 누리며 살 수 있겠는가. 옆을 쳐다볼 시간 없이 앞만 보고 달렸다. 힘들고 지쳤을 땐 한잔 술로 부르튼 입술을 달래며 살아왔다.

아끼고 절약하며 노력한 끝에 드디어 내 집을 마련했다. 작지만 우리 가족에겐 큰 집이다. 셋방살이에 비교가 되겠는가. 이사를 마치고 들뜬 기분이 안개 걷히듯 사라질 무렵 창을 통해 밖을 내다보았다. 세상이 눈에 비쳐졌다. 창을 통해 집으로 들어오고 있었다. 이제야 비로소 세상을 보고 알게 된 것이다. 그러면서 나를 찾게 되었다.

이때 나이가 이미 사십대에 달해 있었다. 힘겹게 달리다보니 세월의 흐름을 알지 못하고 살아왔던 것이다. 이젠 약간 숨을 돌리며 휴식과 일을 적당히 섞으며 살기 시작했다. 생활의 여유를 갖고 쉬는 날에는 산과 들도 찾아다녔다. 왜 진즉 이런 생활을 즐기지 못했나를 후회도 해보았다. 지난날의 고통을 참고 살아왔기 때문에 오늘이 있다는 걸 알게 되었다. 그래서 고진감래라 했는가.

이제 나는 휴가다. 누구의 간섭도 받지 않고 내 방식대로 휴가를 즐기고 있다. 자연을 즐기고, 사람을 즐긴다. 하고 싶은 것, 먹고 싶은 것, 마음껏 즐기며 휴가를 보내는 중이다. 세상이 다가온다. 세계가 다가온다. 두 발 네 바퀴로 가보지 못하는 곳이 없다. 하고 싶었던 것들, 가보고 싶었던 곳들, 먹고 싶었던 것들, 갖고 싶었던 것들을 마음껏 누리며 휴가를 보내고 있는 중이다.

지난 세월은 온통 고통으로 낙인 되어 돌아온다. 좋은 날도 있었겠지만 쉽게 떠오르는 건 고달팠던 나날들이다. 그 시절 잘 참고 견뎌준 가족이 고맙다. 그때를 생각하며 틈나는 대로 함께 여행을 다니며 지난 시간을 다녀오기도 한다. 그런 우리를 세월이 샘을 내고 있지만 아직 내 나이는 앞이 보이지 않는다.

나는 그간 살아온 인생에서 제대로 해놓은 게 없다. 이제라도 가족과 나를 위한 제대로 된 완성작을 한 점 만들어 보려고 한다. '휴가중' 내가 지금 즐기고 있는 휴가 기간을 통해 가장 멋있고 아름다운 인생 작품을 만들어볼 계획이다. 미완의 작품이 아닌 완벽한 작품을 만들어 보겠다.

누가 뭐라 해도 나는 지금 휴가 중이다. 이 느낌이 깨지지 않게 늘 조심하며, 내 주변을 맴돌던 바람 따라 떠나갈 순간까지 휴가를 즐길 것이다.

고목에 피는 꽃

살아 천년 죽어 천년을 간다는 주목 앞에 서 있다. 눈 내린 한겨울에 빨갛게 달려있는 열매가 꽃보다 아름답다. 세월의 흐름 속에 담아둔 희로애락을 저장한 채 묵묵히 서있다. 간간이 지나치는 구름과 바람을 바라보며 빨간 열매 찾아 날아드는 새떼들을 벗 삼아 대화하며 나름의 삶을 즐긴다. 지금은 왕성한 성장력을 보이고 있지만 먼 훗날 기능을 잃고 서서히 고목으로 변질되어 갈 것이다.

붉은 열매 속의 아기집을 뚫고 뾰족이 고개 내민 새싹, 생명의 시작이다. 이제 이 새싹은 천년을 살기 위한 첫걸음을 떼었다. 영양 가득한 식사와 목마를 때 내려주는 이슬과 빗물을 먹으면서 무럭무럭 자라난다. 햇빛을 받으며 광합성 작용도 하고 어느덧 검푸른 나무로 성장한다.

몸단장도 하면서 멋진 나무로 성장하여 산과 들 아파트로 이사를 간다. 영원히 살아갈 집으로 이사를 간다. 함께 성장했던 친구들과 뿔뿔이 흩어져 각자의 생활 터전으로 떠나간다. 이사 후 중간에 환경에 적응하지 못하고 고사하는 친구도 있지만 대부분 성목으로 자라난다.

꽃 피우고 열매 맺고 왕성한 생산 활동을 한다. 대를 이으려 씨앗을 영글게 하고 종족을 번식한다. 세상의 가장 높은 고산지대에서 살면서 모든 수목들을 내려다보며 위엄을 과시하며 살아간다.

천년의 세월은 짧다. 어느덧 점점 세력이 약해지고 생산활동이 저하되어 가다 결국 정지한다. 자연의 섭리에 따라 그 화려한 역사는 잠들어 간다. 늙고 쇠퇴하면 벌 나비를 잃게 된다. 꽃의 향기를 잃어버리기 때문이다. 향기가 사라지면 나이 냄새가 풍겨져 나온다. 역할과 기능을 잃었기 때문에 목질부에서 풍겨 나오는 주목 본연의 향기를 발산하며 사후 생을 시작한다.

이제 죽은 고목이 된 주목은 다시 죽어 천년의 생을 시작한다. 영양 성장의 기능은 잃었지만 고목 그 자체의 아름다움을 뽐내며 새 삶을 시작한다. 자체 힘으로 피우지 못하는 꽃은 자연이 만들어주는 상고대 꽃으로 활짝 피어난다. 죽어서도 죽지 않고 꽃으로 피어난다.

이웃 아랫마을에 살던 참나무도 죽어서 꽃을 피운다. 자신의 몸을 희생하며 표고, 상황, 운지버섯으로 꽃을 피운다. 죽어서도 자신을 꽃피운다.

고목에도 꽃은 핀다. 고사된 고목마다 하늘에서 선물로 피워주는 상고대 꽃을 피운다. 영험한 약효를 지닌 버섯 꽃을 활짝 피운다. 필요로 하는 이들에게 적은 도움과 환희와 감동을 안겨주려고 예술적으로 피어난다. 유용할 가치가 없는 고목이 아니란 걸 보여주려고 꽃을 피운다.

죽음은 끝이 아니다. 또 다른 시작을 의미한다. 가을 들판을 누렇게 수놓았던 벼를 수확하면 벼 생의 끝이라 하지만 끝이 아닌 시작인 것이다. 방앗간에서 도정을 하고 나면 하얀 쌀꽃으로 피어난다. 쌀은 밥을 되어 식탁에 오른다. 또 다른 탄생을 맛보게 한다. 밥상 위의 예쁜 꽃 쌀밥으로 피어난다. 그것이 순환循環의 법칙法則이다.

고목은 쓰러지지 않는다. 든든한 버팀목으로 우뚝 서서 지켜준다. 죽어 천년을 살아가는 주목처럼 우리의 정신도 결코 영원히 죽지 않고 정신적 지주로 천년을 꽃피우며 지켜줄 것이다. 고목은 죽지 않는다. 다만 관심 밖으로 밀려져 있을 뿐이다. 그러면서 알게 모르게 꽃을 피울 것이다.

(2016. 02. 10.)

바닥난 통장 잔고

새벽이슬을 맞으며 팥을 수확하려고 아내와 출발했다. 밭에 도착하니 꼬투리마다 실하게 영근 팥들이 아름답게 매달려 있다. 이슬이 마르기 전에 서둘러 작업을 마치려고 쉬지 않고 열심히 잘랐다. 갑자기 땀이 흐르며 몸이 이상해졌다. 체력이 고갈되어 감을 느꼈다. 수렁으로 빠져드는 듯했다.

아내와 함께 독감 예방접종을 하고 왔다. 몸이 찌뿌둥해짐을 느꼈다. 예방접종을 마친 후 휴식을 취해야 한다고 하여 집에 와 쉬고 있었다. 잠시 쉬고 있는데 산악회에서 지리산으로 등산을 가신 장인어른의 전화가 걸려왔다. 받았더니 장인어른의 목소리가 아닌 산악대장이라 했다. 장인어른께서 등산을 마치고 하산을 하는 도중 낙상하시어 전주의료원으로 후송되어 응급처치 중이라 하였다. 대퇴부 골절상을 당했는데 어찌해야 하냐고 했다. 바로 수술을 해야 하는 상황이라고 덧붙였다. 지체 없이 울산대학교 병원으로 빨리 후송조치 해달라고 했다. 곧바로 울산에 살고 있는 큰처남에게 전화하여 상황을 설명하고 준비하고 대기하고 있으라 했다.

얼마의 시간이 지나자 울산에서 연락이 왔다. 검사를 마치고 병실로 입원하셨는데 내일 바로 수술에 들어간다고 했다. 그런데 그 와중에 밭에 팥 수확을 내일은 해야 하는데 큰일났다고 걱정을 하고 계신다고 했다. 낮에 이슬이 마르면 팥이 튀니까 새벽에 이슬이 있을 때 베어야 한다고 하신단다. 어이가 없다. 우리가 내일 가서 베는 작업을 해놓을 거니 걱정하지 마시고 수술이나 잘 받으시라고 했다.

아침 식사를 대충 마치고 서둘러 밭으로 갔다. 시간을 지체하면 팥이 튄다고 하여 촉촉이 젖어있는 팥대를 베기 시작했다. 약간 서늘한 날씨인데도 온몸이 땀으로 범벅이 되었다. 그럼에도 쉴 수가 없었다. 힘들어도 쉬지 않고 끝까지 베어 나가는데 나의 몸은 점점 무기력해지기 시작했다. 체력에 한계를 느끼며 작업을 마치고 간신히 몸을 추스르고 아내와 점심 먹으려고 식당으로 갔다.

기운을 차리기 위해 따끈한 소머리국밥을 두 그릇 주문했다. 잠시 후 국밥이 나왔으나 먹을 수가 없었다. 몸이 깊은 수렁 속으로 한없이 빠져드는 것 같았다. 어지럽다. 도저히 수저 들고 식사할 힘조차 없었다. 다시 드러누웠다. 죽을 것 같다는 생각이 들었다. 아내를 바라보았다. 아내 역시 드러누워 일어나지를 못한다. 순간 내가 이래서는 안 되겠다 생각하고 정신을 가다듬어 일어나 앉으며 아내를 일으켜 앉혔다. 그리고는 둘이 억지로 국밥을 몇 술 떠먹었다. 살기 위해서다.

식사를 조금이나마 했더니 약간 기운이 돌아왔다. 아내를 태우고 집으로 돌아왔다. 집에 들어오자 둘 다 쓰러지듯 누웠다. 천장이 빙빙 돈다. 그때 울산에서 전화가 왔다. 불행 중 다행히도 빨리 수술을 하여 결과가 좋다고 했다. 그러면서 팥은 수확을 했냐고 물어보았다. 수술이 잘되었다 하여 기분이 좋다가 순간 짜증이 났다. 그래도 감정을 억제하고 팥 수확 다 마치고 집에 왔으니 이곳 걱정은 하지 말고 몸조리나 잘하시라고 말씀드리고 전화를 끊었다.

건강은 자신 있다고 자부하던 나인데 내가 왜 이럴까. 곰곰이 생각해 보았다. 문득 어제 독감 예방접종을 한 것이 생각났다. 예방접종을 하고 나면 약간 독감증상이 나타나니 휴식을 취해여 한다고 했던 말이 떠올랐다. 그런데 새벽부터 무리해서 팥 수확을 했으니 몸이 견뎌내겠는가. 진짜 독감을 앓는 형세가 된 것이다.

아직까지는 건강하게 살아왔다. 이번 일을 계기로 언제까지 건강할 수는 없다는 것을 뼈저리게 느꼈다. 건강을 과신해서는 안 된다는 것을 깨닫게 되었다. 지나치면 탈이 난다는 교훈을 얻었다. 이번에 나의 체력은 바닥난 잔고 없는 통장이 되었다.

며칠을 쉬고 나니 몸이 점점 회복되었다. 베어 놓았던 팥을 탈곡하여 창고에 보관하고 울산으로 내려갔다. 수술 결과가 좋아 화장실 출입도 휠체어에 의존하여 다닐 수 있을 정도로 회복되었다. 반가웠다. 만나자마자 팥 타작은 하고 왔냐고 물어보시는데 서운한 마음이 들었다. 그래도 웃으면서 다 해놓고 왔으니 걱정 마시고 건강 회복하는 데 신경이나 쓰시라고 말씀드렸다. 앞으로는 절대 무리수를 두지 않겠다고 다짐했다. 장인어른께서도 이젠 산악회에 가지 않겠다고 약속하셨다.

아내에게 편지 한 통이 날아왔다. 카드 결제대금 770원이 부족하다는 것이다. 즉시 입금조치하였지만 기분은 좋지 않았다. 나의 기력도 770원이 부족했던 것 같다. 평소 확인하지 않은 결과다. 통장이나 사람 건강이나 잔고가 부족하면 곤경에 빠지게 된다. 미리 확인하고 보충하여 어려움에 봉착하는 일이 없어야 하겠다.

(2015. 12. 12.)

옥수수

여름의 입구 7월이면 옥수수가 익어간다. 밭마다 제각각의 곡식들이 자라고 있는데 그중 옥수수가 영글어가고 있다. 봄 가뭄을 이겨낸 옥수수는 주인의 손길을 기다리며 한들거린다. 밭 가장자리에 들어서면 옥수수 익어가는 소리가 들려온다. 가마솥에서 옥수수를 삶을 때 솟구치는 김은 힘차게 달리는 열차처럼 칙칙 소리를 내며 눈앞에 아른거린다.

한낮 옥수수 밭에 가면 축 처진 어깨가 안쓰럽다. 살포시 내려준 아침이슬로 하루를 견디기에 힘겹다. 숨을 헐떡이며 하늘을 바라보지만 뜨거운 태양만 내리쬘 뿐이다. 그런 어려움을 극복하고 한 알의 옥수수 알갱이를 맺히게 하려고 사투를 벌인다. 늦은 봄 심한 가뭄으로 잎이 시들어가도 아침 이슬을 머금으며 영글어 간다.

볏과 식물인 옥수수는 이른 봄에 옥수수 알을 파종하면 싹이 돋아나고 자란다. 1.5m이상 자라게 되면 줄기 끝과 잎겨드랑이에 사랑을 나눌 웅화수와 자화수가 생겨난다. 줄기 끝에 있는 웅화수에서 사랑의 씨앗을 날려 보내면 꽃가루는 사랑 찾아 행복 찾아 자화수의 향기를 찾아 떠나면 여행을 시작한다. 이들의 사랑을 시샘하는 잎사귀들을 무사히 통과하고 잎겨드랑이 속에 수줍게 빨갛게 고개 내민 옥수수수염에 도달하여 사랑에 빠진다. 이렇게 사랑의 씨가 수염을 통해 전해지면 알이 꽉 찬 옥수수를 잉태한다.

옥수수는 옷 속에 아기를 품고 있다. 옥수수수염은 옥수수 한 알 한 알마다 연결되어 옷 속에서 밖으로 나와 있다. 수정을 받아 알을 형성시키고 옥수수를 잉태한다. 옥수수수염은 태아의 탯줄과 같은 역할을 하는지 모른다. 수염에 웅화수의 입김이 제대로 닿지 않아 상태가 좋지 않으면 옷 속의 옥수수알이 듬성듬성 박혀 기형으로 만들어진다. 미운 일곱 살 손자의 이 빠진 잇몸을 보는듯하다.

먹고 살기 힘들었던 시기에 구황작물로 가난의 허기를 채워주던 옥수수다. 식솔 하나 줄이려고 어린 나이에 시집을 보내고 풀뿌리를 캐 먹으며 연연하던 시절이다. 이웃 국가의 원조를 받아 옥수수와 우유가 학교로 보급되어 학생들에게 나누어 주었었다. 옥수수죽, 옥수수빵, 거의 옥수수가 식량을 대신해 주었었다. 그마저도 제한된 급식에 배불리 먹어보지 못하고 부족한 양으로 허기를 채우지 못하여 혀로 그릇 설거지를 했었다.

이제는 국민 다이어트식품이다. 지방 함량이 적고, 칼로리가 낮고, 섬유질과 비타민B가 풍부한 식품으로 변비, 노화방지, 체중관리에 도움을 준다고 알려져 있다. 당뇨와 심혈관질환에도 좋다고 하여 샐러드, 콘치즈, 부침개 등 여러 종류의 음식으로 만들어져 식단에 오르고 있다. 옥수수수염 차는 신진대사가 활발해지면서 열량 소비가 많아지고, 체내의 체지방을 줄여주는 효과와 신장 기능 개선 효과, 피부미용 효과가 있다고 알려져 많이 이용하고 있다. 영화관에서 남녀노소 누구나 즐기는 가장 인기 높은 뻥튀기도 빼놓을 수 없는 즐길 거리의 하나다.

누구나 좋아하고 누구에게나 사랑받는 옥수수다. 인기의 비결은 어디에 있을까. 오랜 세월 동안 변치않는 맛과 효능일 것이다. 나는 가족과, 이웃과, 지인들로부터 사랑을 받고 있을까? 사랑을 유지하고 살아가기 위해서는 어떻게 해야 할까? 나를 내리고 우리로 살아가는 방법을 배워야 하겠다.

구수하게 삶아진 옥수수를 먹으며 생각해 본다. 가뭄 속에서 처진 어깨를 새벽녘 잠시 내린 이슬로 추스르며 시련을 극복하고 알차게 영근 옥수수다. 이처럼 어려움을 극복하고 살아남은 자만이 알찬 결실을 맺게 된다는 것을 깨닫게 한다.

이제 밭고랑에는 베어져 누워있는 옥수숫대가 쓸쓸히 말라 있다. 옥수수가 자라던 밭에는 들깨가 자라고 있다. 지금 누군가가 바라보면 들깨밭이지 옥수수밭이라 하지 않는다. 내가 있던 자리엔 이제 내가 없고 또 다른 시작이 싹트고 있다. 그렇게 세상 살아가는 이치는 돌고 돈다. 항상 내가 그 자리를 지키고 있는 것은 아니다. 우리네 인생은 이렇게 반복된다.

겨울 여행

겨울 하면 대게. 대게 하면 영덕과 울진이 떠오른다. 오랜 기다림 끝에 제철 대게를 즐기러 당진영덕간 고속도로에 올랐다. 아내와 애완견 꽁이가 함께하는 여행이다. 그래서 애완견과 함께할 수 있는 펜션을 예약했다. 수많은 터널과 교량으로 연결된 도로라 주변이 아름답고 시야가 넓게 펼쳐져 답답함 없이 달려갔다.

봄부터 가을까지 힘든 농사일로 한 해를 마무리 지었다. 무성하게 자란 풀을 뽑아주었고, 오랫동안 지속되었던 폭염을 견뎌냈고, 장기간 대지를 말렸던 가뭄도 극복했다. 그러면서 새해엔 시원한 바다가로 여행을 가자고 약속했었다. 그날만을 고대하며 어려움을 극복해 나왔다. 오늘 그 꿈을 이루기 위해 출발했다.

펜션은 막내딸이 인터넷 검색하여 애견 펜션을 예약해 주었다. 아내와 나는 간단하게 가방을 준비하고 꿍이의 먹거리도 준비했다. 축하라도 해주는 듯 날씨는 쾌청했다. 미세먼지 농도도 보통으로 예보되었다. 모든 출발 준비를 마치고 잠자리에 드는데 마음이 천장에 붙어 잠이 오질 않는다.

드디어 출발이다. 옷가방과 간단하게 준비한 음식을 싣고 셋이서 출발했다. 떠오르는 해를 바라보며 동쪽을 향해 달려간다. 콧노래를 부르며 달리니 지나치는 산과 들이 함께 춤추며 노래하고 어울렸다. 텅 빈 들판을 지나칠 때 지난여름이 떠올랐다. 농부들을 애타게 했던 들판이다. 이제 모든 걸 내려놓고 한가로이 휴식을 취하고 있다. 공룡알이라 불리기도 하는 원형 볏짚들만이 바둑알처럼 열 지어 놓여있다.

한참을 달려 영덕 오보해수욕장에 도착했다. 고랑진 푸른 바다에 파도만 일렁일 뿐 아무도 없다. 바람에 출렁이는 보리밭처럼 파란 물결이 다가왔다. 텅 빈 바닷가엔 우리 셋만이 발자국을 찍고 있을 뿐이다. 바다는 지나온 들판과 같은데 색깔만 파랬다. 파란 바다 들판은 마음에 편안함을 안겨주었다. 해수욕장 한쪽 방파제에는 파도가 몰려와 부딪치며 하얀 거품을 쏟아놓는다. 바다 밑에 사는 게들이 뱉어놓은 거품이 하얗게 밀려온 듯 싶다.

바다 냄새는 비릿하다. 들판의 구수한 내음과는 다르다. 하지만 역겹지 않고 입맛을 돋운다. 일년 내내 맡았던 들판의 냄새보다 잠깐이지만 훅 풍겨오는 바다냄새는 왠지 싫지 않고 정겹게 폐 속 깊은 곳까지 스르르 밀려든다.

모래밭에 찍힌 발자국은 한 폭의 그림으로 다가왔다. 심술쟁이 파도가 지워보려 안간힘을 쏟지만 역시 역부족이다. 곧바로 포기하고 물러선다. 도망치는 파도를 잡으려고 꿍이가 바다로 뛰어들어간다. 발자국을 지우려고 몰려오는 파도를 방어하기 위해서인가 보다. 짠물을 먹고 몸이 흠뻑 젖자 당황하여 물러서며 젖은 몸을 털어낸다. 추위도 잊은 채 이동하지 않고 한참을 그렇게 뛰며 그림을 그렸다.

풍력 발전단지로 올라갔다. 세찬 바람이 반겨준다. 발전기의 기계음과 바람 소리가 합창을 한다. 멀리 보이는 바다는 그들의 노랫소리를 빨아들이며 경청하고 있다. 바람에 밀려 산 아래로 내려오니 해맞이 공원이 반겨준다. 연말연시에 얼마나 많은 사람들이 다녀갔는지 주변 시설물들이 망가지고 지쳐 어깨가 축 처져있다. 인간 병에 걸렸나 보다. 하루속히 치유되어 또 다른 여행객을 맞이해야 할 터인데 걱정이 앞선다.

길 아래쪽 계단에 대게 조형물이 설치되어 있는 것으로 보아 이곳이 블루로드길 시작 지점인 것 같다. 계속해서 관광버스가 도착하고 답답했던 버스에서 내린 여행객들은 푸른 바다를 향해 고래고래 소리를 지른다. 버스 가득 싣고 온 가슴 속 울분을 뱉어놓는 듯하다. 참고 참으며 삼켜왔던 원한들을 모두 바다에 던진다. 바다는 대꾸 없이 다 받아들인다. 그 원한들이 서려 바다가 파랗게 물들었나 보다.

울진 바닷가에 자리한 펜션은 조용했다. 여행객들의 아우성에서 벗어나 잠시 하루의 무게를 내려놓고 휴식을 취했다. 쉬면서 저녁에 아내와 즐길 먹거리를 검색했다. 역시 게의 고장 영덕에 왔으니 박달대게와 회를 사다 먹기로 했다. 꿍이도 좋다는 듯 짖어댄다.

짐을 내려놓고 항구로 나갔다. 대게거리에서 박달대게를 구입하고 회 센터에 가서 회도 사서 포장을 했다. 차에 싣고 돌아오는데 구수하고 달콤한 냄새가 걸음을 재촉했다. 주거니 받거니 달콤한 영덕의 밤을 즐겼다.

커튼을 열어젖히자 사방이 온통 파랬다. 밤이 스스로 물러나고 해맞이 준비를 서두르고 있었다. 어디까지 하늘이고 어디부터 바다인지 구분하기가 어려웠다. 바다가 수줍게 붉어지자 선명하게 드러났다. 잠시 후 하늘과 바다가 뒤바뀐 듯 빨간 불길이 뻗어 나왔다. 그 길을 한없이 걷고 싶은 충동이 일었다. 저 너머엔 어떤 세상이 펼쳐져 있을까 궁금했다. 생각에 잠겨 걸어가는 발걸음에 바다에 묻혔던 소망과 원성들이 들려온다. 다가왔다 밀려나는 파도에 나의 작은 소망도 실려 보낸다.

크고 작은 파도들이 가족처럼 보인다. 바위에 부딪치며 철석일 때마다 여행객들이 놓고 간 새해 소망들이 뒤섞여 알 수 없는 신음소리로 들린다. 그 소리를 바위가 받아주고 모래 속으로 스며든다. 그래서 다시 조용한가 보다. 넓은 바다의 마음으로 포용하고 용서하고 받아준다. 자갈과 모래가 굴러가며 내는 사그락 소리에서 조금씩 들리는 것 같을 무렵에 우리는 다시 출발지점에 와 있었다.

준비해 간 간편식으로 아침을 해결하고 펜션을 나왔다. 해안도로를 달리는데 바다가 우리를 놓아주지 않으려는 듯 계속 붙잡았다. 보내기 싫은가 보다. 그러다 산모퉁이를 돌아서니 포기한 듯 우리를 놓아주었다. 서운함을 느끼며 서로 멀어져 갔다.

바다를 실컷 즐기고 고속도로에 올랐다. 몸과 마음이 상쾌하다. 영덕으로 갈 때 보았던 들판이 돌아오면서 바라보니 파란 바다로 보였다. 바둑알로 보였던 원형볏짚은 파도가 물고와 뱉어놓은 거품처럼 보인다. 그 너머에 가족들이 아련히 나타났다 사라진다.

잠시 동안 우리와 함께했던 바다는 많은 사람들의 새해 소망을 이뤄주기 위해 하늘과 손을 맞잡고 쉼 없이 출렁인다. 그런 바다의 모습에서 인자하고 온화한 엄마의 품속을 느끼고 돌아왔다.

새순

아파트 화단 단풍나무에 새순이 돋아났다. 갓 태어난 제비 새끼의 노란 주둥이를 닮았다. 그냥 보기에도 말랑말랑 연할 것 같다. 예쁘고 귀엽다. 무언가를 요구하듯 주둥이를 벌린 모양새다. 새끼 여러 마리가 나부터 달라고 입 벌리고 다가서는 듯하다. 바람에 이리저리 흔들리는 모습이 앙증맞다. 바라보고 있노라니 어느새 나도 그들 무리로 들어가 있다.

봄이 오면 추녀 안쪽 천장에 제비가 찾아와 집을 짓는다. 며칠이 지나고 나면 집이 완성되고 한 쌍의 제비가 신혼살림을 차린다. 먼 길 날아오느라 지친 심신의 피로를 풀면서 달콤한 사랑에 빠져든다.

언제 알을 낳아 품었는지 새끼 제비가 태어나 노란 부리를 내놓고 어미를 찾는다. 마치 금방 돋아난 단풍나무 새순처럼 예쁜 부리다. 어미 제비가 먹이를 물고 오면 서로 먼저 달라고 요동을 친다. 어미는 정확하게 순서를 정해놓고 순서대로 먹이를 주고 먹이 사냥을 떠난다.

조용하다. 어미가 먹이사냥을 하는 동안 새끼들은 쥐죽은 듯 조용하다. 그러다 어미 제비가 먹이를 물고 날아오면 시끌벅적 요란해진다. 먹이를 주고 날아가면 다시 조용해진다. 신비롭기조차 하다. 누구도 살고 있지 않은 빈집 같다.

제비집 아래 방문이 열리며 어머니가 들어서면 조용하던 방이 갑자기 시끄러워진다. 어머니 손에 들려있는 풀빵을 먼저 받아먹으려고 밀치고 앞으로 나서서 가로챈다. 얼른 먹고 하나 더 먹으려고 북새통이다. 많은 형제가 생활하다 보니 먹어도 배고프다.

단풍나무의 새순이나 제비 새끼의 주둥이, 우리 형제들의 배고픈 입, 무엇이 다를까. 다 같이 예쁘다. 한 가지 다른 점은 단풍나무는 조용하고 제비와 우리 형제는 늘 경쟁하며 시끄럽다. 어릴 때부터 너무 경쟁하며 살고 있는 게 아닐지 걱정이다.

단풍나무 새순이 자라면서 예쁘던 주둥이가 벌어지기 시작한다. 제비 새끼가 털이 돋아나고 날갯짓을 시작하듯, 그들은 살며시 눈을 뜨며 세상을 바라본다. 벌어지는 새순 사이로 햇살이 찾아들면 꼼지락거리며 잎을 피울 준비를 한다. 제비는 어미가 물어다 주는 먹이를 먹고 자라듯 단풍나무 새순도 틈새로 밀려드는 햇살을 먹으며 조금씩 잎을 피운다.

연한 새순이 잎으로 변해간다. 제비가 비상을 꿈꾸며 날갯짓 연습을 하듯, 그들도 연록색의 잎을 펼치며 날갯짓을 시작한다. 가냘프면서도 연한 예쁨을 발산하며 손 내밀고 세상과 인사한다. 지나치는 바람과도 눈인사를 나누고, 아침 일찍 찾아와 지저귀는 새들과도 인사를 나눈다. 그러면서 그들로부터 세상 살아가는 방법을 배운다.

어느 날 잎을 활짝 펼쳤다. 단풍나무의 제대로 된 잎 모양을 펼쳐냈다. 이제는 혼자서도 세상과 맞서 당당히 살아갈 수 있는 잎으로 피어났다. 제비가 날갯짓하여 창공으로 날아오르듯 그들도 세상에 날아올랐다. 모질고 세찬 비바람을 맞으며 단련되었다.

그러던 중 그들도 청춘의 세월이 흐르고 황혼기로 접어들었다. 빨갛게 노랗게 꽃단장하고 아름다움을 발산하기 시작했다. 모든 이들의 탄성을 받으며 그들만의 인생 막바지를 즐긴다. 오랜 시간 아름다움을 간직하려고 최대한 에너지를 축적 해가며 소비를 줄이며 적당히 발산한다. 제비도 강남 가기 전 양분을 축적하며 건전지 충전하듯 힘을 기른다.

한때 시련을 겪기도 했었다. 벌레의 습격으로 몸에 상처가 나기도 했고, 강풍에 몸이 찢기기도 했었지만 이를 극복해내고 언제 그랬냐는 듯 다시 일어섰다. 고통은 잠시뿐 그들에겐 언제나 즐거움이 함께하여 아름다움을 물들이게 되었다. 저 뾰족한 단풍잎에서 어떤 말을 해댈지 궁금하다.

어느 날 새 부리같이 돋아났던 단풍나무 새순은 인생을 알게 되었다. 살아오는 과정에서 그의 길과 삶의 순리를 알게 됐고, 인생의 달고 쓴맛도 경험하게 되었다. 살아가는 법, 고난을 겪고 다시 일어서는 법, 이런 모든 과정을 홀로 터득하여 붉은 단풍잎을 탄생시켰다. 아무도 할 수 없는 위대한 승리를 그는 맛보았다.

우리가 살아가는 인생도, 살아온 인생도 이와 같을 것이다.

이동이 제한된 단풍나무에 반해, 제비는 자유롭게 날아다닐 수 있다. 그러나 그것이 장점은 아니다. 단풍나무는 추운 겨울을 제자리에서 맞이하고 봄을 맞는다. 제비는 어떠한가. 겨울을 피해 힘들게 강남까지 갔다가 봄에 다시 찾아와야 한다. 장단점이 있다. 이렇게 우리 인생도 장점인 것들이 나의 발목을 잡는 일이 있다. 제비에 날개가 없었다면 그들도 겨울을 지낼 수 있는 방법을 찾아냈을 것이다. 하나가 좋으면 하나가 나쁘고 단점이 장점이 되고 장점이 단점이 될 수 있다.

날아와 잠시 앉았다 날아가는 제비를 단풍나무는 부러워했을 것이다. 그런 단풍나무 앞에서 제비는 뽐내며 날갯짓했을 것이다. 그러나 먼 길 떠나야 하는 제비는 그때서야 단풍나무를 부러워했을 것이다. 같은 부리 다른 생각이다. 그래서 인생은 역전이라 했나 보다.

6. 떨켜

매미

매미 소리가 아침을 밝힌다. 이슬로 세수하던 초목들이 함께 노래를 부르며 또르르 물방울을 굴린다. 한정된 시간을 조금이라도 더 즐기려고 밤이 산 너머로 물러서기 무섭게 매미의 하루가 시작된다.

일주일을 살기 위해 7년여 동안 애벌레로 땅속에서 나무뿌리의 수액을 먹으며 탈피와 우화 과정을 반복하며 성충으로 자란다. 성충이 되면 나무로 올라와 2-3시간에 걸쳐 등껍질을 벗는다. 몸을 말리고 2일 정도가 지나면 발음기관과 공명기관이 갖추어지며 소리를 내기 시작한다. 오랜 시간 기다림의 환호다.

농촌의 밤. 어둠을 밝히는 가로등이 켜지면 모내기를 마친 논배미마다 개구리가 울어댄다. 서로 장단을 맞추며 울어댄다. 밤새 울던 울음을 새벽에 매미가 이어서 울기 시작한다. 가로등이 물러나며 농부들의 발걸음이 바빠진다. 풀에 맺힌 이슬을 털어내며 논밭으로 달려간다. 이와 같이 농촌의 아침은 매미로 시작한다고 해도 과언이 아닐 듯싶다.

매미 소리는 울음인지 노래인지 알 수가 없다. 몇 년을 땅속 생활하다 세상 구경한 기쁨의 노래일 것이다. 아니면 오랜 시간 고생하다 매미로 태어났는데 겨우 일주일여밖에 살 수 없다는 하늘에 대한 억울함의 호소인지 알 수가 없다.

매미는 짧은 자신의 생을 원망하지 않을 것이다. 그들의 평균 수명을 운명으로 받아들이고 그 기간을 즐기며 살아간다. 1년을 10년처럼 생활하고 알뜰하게 즐기며 살아간다. 그러다 보면 우리의 평균 수명이 늘어나듯 그들도 늘어날 것이다. 몇 년 후에 그들도 고령화 시대를 맞이하게 될 것이다. 또 그들은 자신들보다 짧은 수명을 가지고 태어난 하루살이를 보며 위안을 삼고 살고 있을 것이다.

매미는 자신들을 자랑스럽게 생각하고 있다. 함께하는 하늘, 구름, 산천초목과 사람, 동물들과 함께했던 지구상의 일원이었다는 자긍심을 가지고 살고 있기 때문이다. 그들과 한때지만 하나가 되어 살았다는 것에 감사할 것이다.

매미가 세상에 그냥 왔다 가는 것은 아니다. 한방에서 선퇴라고 불리는 허물을 남기고 간다. 선퇴는 백일해나 경기를 할 때 사용되는 약제로 사용한다. 호랑이가 가죽을 남기고 가듯 매미는 선피를 남기고 간다.

매미는 남들에게 해를 끼치지 않는다. 욕심 많은 인간과 달리 재산이나 재물을 탐내는 일없이 살아간다. 유해조수처럼 농작물에 피해를 주지 않는다. 그들에게 주어진 공명기관을 이용하여 즐겁게 노래 불러 농부들의 지친 몸을 풀어주는 안마사 역할을 해준다. 땀 흘리며 지친 심신의 피로를 풀라고 소리 높여 노래 부른다. 그러면서 짝짓기도 하고 나무 줄기에 알을 낳아놓고 햇살에 말라버린 이슬처럼 사라진다.

매미는 슬퍼서 우는 것이 아니다. 하늘에 나를 있게 해 주셔서 감사하다고 노래하는 것이다. 나에게 7일이라는 소중한 생을 주셔서 고맙다고 고하는 것이다. 며칠을 사느냐가 중요한 게 아니고 주어진 생을 어떻게 유익하게 활용하며 사느냐가 중요하겠다. 그래서 그들은 나보다 남을 위해 더운 여름에 태어나, 시원하게 노래 봉사활동을 하다가 다시 땅속으로 돌아가는 반복되는 생을 살고 있나 보다.

셋방살이

괴산군 칠성면에 위치한 각연사를 품고 있는 보현산으로 겨울 산행을 떠났다. 이어지던 논과 밭은 태성리 마을에서 끝나고 산기슭에 각연사가 고즈넉하게 자리 잡았다. 신라 법흥왕 때 유일스님이 창건했다고 전해진다. 잠시 경내를 둘러보고 내를 건너 가파른 산길로 접어들었다. 보현산은 온통 참나무로 되어 있어 하늘이 파랗게 모습을 드러낸다. 숨이 턱까지 차오를 즈음 참나무를 올려다보니 가지마다 까치집처럼 동그란 모양의 겨우살이들이 낮을 밝히는 푸른 달덩이처럼 여기저기 매달려 있다. 지루함을 날려주는 한 폭의 풍경화다.

참나무가 주인집이고 그곳에 겨우살이는 세를 들어 살고 있는 것이다. 까치의 도움으로 세를 얻고 이곳저곳에 살림을 차리고 가정을 꾸려나간다. 꽃을 피우고 열매를 맺고 가을에 누렇게 익으면 까치가 따먹으며 다른 가지에도 셋방을 차려준다. 부동산과 이삿짐센터 역할을 해준다.

군 복무를 마치고 직장 생활을 하다 결혼을 하게 됐다. 부모님과 함께 방 한 칸에 부엌 하나 딸린 셋방에서 살림을 차렸다. 그 셋방에서 아들딸을 낳아 한 가정을 이루게 되었다. 아이들이 자라 서로 싸우기도 하고 소리소리 질러 시끌벅적해졌다. 그러자 주인집에서 시끄럽다고 아이들 조용히 시키라고 싫은 소리를 해댔다. 집 없는 설움이다. 그렇게 셋방살이의 어려움을 겪었다.

겨울이라 산길은 미끄러웠다. 힘이 들었지만 높은 참나무 가지에서 펼쳐지는 겨우살이들의 불꽃놀이에 가슴이 설렌다. 주인집과의 갈등이 전혀 없는 평화로운 느낌을 풍겨준다. 주인집과 이해관계 없이 서로 간섭하지 않고 각자의 생활을 하고 있는 것이다.

어떻게든 집을 마련해야겠다는 일념으로 생활비를 아끼고 소비를 줄이며 노력했다. 집을 갖고 싶은 염원으로 과소비를 억누르며 악착같이 저축했다. 그렇게 몇 년이 지나자 통장이 제법 뚱뚱해졌다.

드디어 아파트를 분양받았다. 작지만 우리는 세상을 다 얻은 듯한 격한 행복을 맛보게 된 순간이었다. 셋방살이 청산하고 멋진 우리 집으로 이사해서 살게 되었다. 아이들이 마음껏 소리 지르고 활동하며 살 수 있는 우리 집이다. 누구로부터 간섭받을 일도 이제는 없을 것이다. 이제 겨우살이에서 참나무로 한 계단 올라섰다.

우리는 평생 집 한 채 장만한다는 게 꿈이다. 집 장만한다는 게 그만큼 힘들다는 이야기다. 씀씀이를 줄이고 아끼고 구두쇠처럼 살아도 어려운 형편이다. 셋방살이를 벗어나 내 집에서 간섭 받지 않고 자유롭게 살아보기 위해 평생을 노력한다.

이런 힘든 과정을 거쳐 마련한 내 집은 과연 내 집이라 할 수 있을까. 참나무에 세들어 살며 내 집으로 착각하는 겨우살이 같지는 않을까.

참나무 가지를 빌려 집 짓고 사는 겨우살이는 자기 집인 줄 알고 살고 있다. 셋방살이 하고 있다는 생각을 전혀 하지 않는다. 우리가 지금 살고 있는 집이 내 집인 줄 알고 살고 있지만 어쩌면 지구라는 나무의 한 가지를 내가 잠시 빌려 셋방살이를 하고 있는 것인지 모른다. 내 집이라는 착각 속에 살고 있는 것이다.

미꾸라지

히히 안녕하세요. 나는 미꾸라지라 합니다. 혹간 나를 미꾸리라 부르는 사람들도 있는데 내가 그 애들보다 몸길이가 더 길고요 통통하고 납작하답니다. 중요한 건 세 쌍의 수염을 가진 엄연한 미꾸라지입니다.

나는요, 늪이나 논 혹은 농수로 둠벙 등 진흙이 깔려있는 곳에 주로 살고 더러운 물이나 산소가 부족한 곳에서도 잘 견디며 살고 있답니다. 그러면서 진흙 속의 생물을 먹고 살지요. 나는 먹성이 좋아서 사람들을 여름 내내 괴롭히는 모기 유충인 장구벌레를 하루에 1천 마리나 먹어치울 수 있답니다. 모기의 천적이지요. 그래서 서울시의 일부 지역에선 하수구에 나를 풀어놓아 장구벌레를 없애기도 한답니다.

번식은 어떻게 하냐고요? 6–7월 비가 내리는 날 은밀한 풀숲에서 암컷의 몸을 수컷이 둘둘 감아 산란을 돕고 풀에 알이 붙으면 수정을 시킨답니다. 그러면 2–3일이면 부화가 되고요 어릴 땐 잘 자라다 중간 크기쯤 자라면 많이 폐사되어 성충이 되는 것은 많지 않답니다. 좀 슬픈 이야기지요.

비를 타고 노는 것을 좋아하는 나는 소나기가 내리는 날이면 빗방울을 타고 올라가며 이리저리 돌아다니며 논답니다. 그러다 비가 그치면 신작로에 떨어져 움푹 파인 웅덩이에 숨어있으면 학교 갔다 오는 아이들이 잡아다 깡통에 담아 가지고 놀기도 한답니다.

함께 놀거나 단체생활에서 훼방을 놓고 어깃장을 놓는 사람을 미꾸라지 한 마리가 물을 흐려놓는다고 하지요. 잘 빠져 도망 다니는 사람을 미꾸라지 같다고도 하고요. 나쁜 건 제 탓입니다. 그래도 좋을 때도 있답니다. 벼락출세한 사람을 보고 미꾸라지 용 됐다고 하지요. 제가 용을 닮았다고도 하는데 닮긴 닮았나 봅니다.

환절기가 되면 나를 찾는 이가 부쩍 늘어난답니다. 몸보신한다고 추어탕집으로 몰려들지요. 옛날엔 추어탕집이 어디 있기나 했나요. 삽과 양동이 들고 논에 가서 진흙파고 잡아다 집에서 끓여 먹었지요. 요즘은 시절이 좋아 추어탕전문 식당에 가면 추어탕, 추어튀김 주문만 하면 다 해준답니다.

웃기는 얘기 하나 하고 갈게요. 미꾸라지 숙회인데요. 솥에 해감을 마친 미꾸라지와 두부를 넣고 열을 가하면 두부 속으로 내가 들어간대요. 그런데 세상에 그런 요리법은 없어요. 속지 마세요. 순두부 상태일 때 나를 넣고 굳혀서 모두부를 만든 것이랍니다.

간혹 나를 징그럽다고 먹기는커녕 만지는 것조차 하지 않는 사람들도 있답니다. 정말 내가 그렇게 징그럽나요. 미끈하고 귀엽고 예쁘기만 한데. 내가 어릴 때 우리 엄마 아빠가 세상에서 제일 예쁘다고 했어요. 왜 웃어요. 사실인데요.

찾아주는 사람이 있을 때가 전성기라 합니다. 나는 희생이 무언지 알아요. 이 한몸 희생하여 누군가에게 건강을 줄 수 있다면 기꺼이 바치겠습니다. 맛있게 드시고 건강하세요. 그리고 다시 태어나면 역할을 바꾸어 태어났으면 합니다. 아, 어렵겠다. 나를 드시고 건강해져서 오래 사실 거니 나와 시기가 맞지 않겠네요. 맛있게 드셨다면 그것으로 만족해야 하겠네요.

슬로

3월이면 너도나도 나무를 심는다. 부엌의 부지깽이를 거꾸로 꽂아도 뿌리가 내린다는 계절이기 때문이다. 심기는 열심히 심는데 제대로 가꾸지를 않아 말라죽는 나무가 많다. 오늘 아내와 나무를 심으러 고향 산으로 출발했다. 한 그루라도 더 심고 싶은 마음에 서둘러 준비하고 출발했다.

해가 들과 산을 모두 비출 무렵 우리는 목적지에 도착했다. 신발을 갈아 신고 작업도구를 챙겨들고 출발하려다 보니 트렁크에 있어야 할 나무가 없다. 서둘러 출발하다 보니 정작 오늘 심을 나무를 싣고 오지 않은 것이다.

다시 차를 타고 인근에 있는 묘목시장으로 갔다. 몇 주만 구입하고 돌아와 나무 심기를 마칠 수 있었다. 전쟁터에 나가는 군인이 총을 가져가지 않은 것이나 똑같았다. 항상 천천히 준비하고 생각해야 하는데 급한 마음에 서두르다 벌어진 사건이었다.

프랑스 파리로 여행을 갔을 때 에펠탑 주변에 있는 상인들이 한국 관광객들만 만나면 '빨리빨리'를 외치던 모습이 떠올랐다. 그들에게 우리는 빨리빨리로 통한다. 그만큼 한국인은 성격이 급하고 서두른다고 붙여진 별칭인가 보다. 관광버스에 오르는데 뒤에서 누군가가 빨리빨리를 외친다. 우린 이 말에 익숙하여 당연하게 받아들인다.

반면 너무 느려도 걱정이다. '돌 굴러가요.'라는 말이 끝나기도 전에 사고로 이어진다. 옛날 우리네 양반들은 소나기가 쏟아져도 뛰지 않았다고 한다. 뛰어가면 앞에 내리는 비까지 맞는다고 절대 뛰지 않고 느릿느릿 걸어갔다고 전해온다.

"비단을 얻기 위해 뽕나무를 심는다." 라는 말은 우물가에서 숭늉 찾지 말고 못자리 설치하고 쌀밥 찾지 말라는 말일 것이다. 매사를 서두르지 말고 천천히 시나브로 하라는 뜻이다. 손자를 위해 과일나무를 심는 마음이다.

"국방부 시계는 멈춰있다." 그래도 제대일은 온다. 흐르지 않는 세월이지만 보이지 않게 세월은 흘러간다. 봄에 파릇파릇 새싹이 돋아나면 어느새 낙엽 되어 쓸쓸히 뒹굴고 있다. 변함없는 산천도 보이지 않게 변하고 새로운 모습을 선보인다.

장모님이 지구 여행을 마감하고 우주로 떠나신 다음해의 일이다. 반복되어온 옥수수 농사를 우리가 이어서 짓게 되었다. 씨앗을 심고 가꾸기는 대충 아는 상식을 총동원하여 그럭저럭 가꾸었다. 이제 마지막 수확을 해야 하는데 어느 상태가 수확시기에 도달한 것인지 알지 못했다. 그래서 얼른 끝내고 싶은 마음에 옥수수수수염이 마른 것들을 골라 자루에 따 담았다. 일단 미심쩍어 반만 수확하여 판매를 했다. 다음날 몇몇 사람들로부터 전화가 왔다. 설익은 옥수수를 따다 팔았다고 반품한다는 것이다. 황당했다. 이틀만 더 두었다 수확했으면 됐는데 서두른 결과다.

그 사건이 발생한 후 비단을 얻기 위해 뽕나무를 심는 자세로 농사일을 신중히 처리했다. 천천히 한 번 더 생각해 보고 메모장에 심는 시기 수확시기 등 모두 기록하고 적절하게 처리해 나가고 있다. 나는 충청도의 슬로우 농부이기 때문이다. 그래도 동작은 빠르고 익는 시기도 늦지 않게 적기에 잘 맞추어 수확하고 있다.

자연은 빠름도 느림도 없다. 그래서 우리들에게 편안함을 전해준다. 그런 자연을 보고 사람들은 계절이 빠르게 지나간다고 말한다. 빠른 것은 계절이 아니라 흘러간 계절을 아쉬워하는 사람들의 마음일 것이다. 세월은 물 흐르듯 자연스럽게 흘러가고 흐르는 세월 따라 익는 시기도 순리대로 영글어 간다. 그것이 인생이다.

이제 나에게 남은 과제는 우리 인생에서 가장 중요하다 생각하는 적당한 수확의 시기를 찾는 것이다. 서두르지 않고 천천히.

겨울 손님

깊은 겨울도 어느 정도 지난 어느 날, 아내와 시골 밭으로 갔다. 봄이 오기 전 밭에 여기저기 흩어져 뒹구는 들깨 대궁을 태워버려야 한다. 아직도 춥다. 다행히 바람이 자고 있어 소각하기 좋은 날이다.

요즘 뉴스에서 날마다 산불이 나서 불을 끄느라 난리라고 보도한다. 어느 정도 진화됐다가도 강풍으로 되살아나 어려움을 겪고 있단다. 대게는 밭둑을 태우다 산으로 붙어버렸다고 한다.

밭에 도착했다. 따스한 햇살이 반겨준다. 무더위와 싸우며 풀 뽑아주며 키운 들깨였다. 냄새가 상쾌하게 다가온다. 때마침 '산불조심' 완장을 찬 산불 감시원의 오토바이가 지나간다. 바람이 없고 들깨대궁을 바짝 말라 큰 문제는 발생하지 않겠구나 하는 생각이 들어 흩어져 있는 들깨대를 끌어 모았다. 양이 얼마 되지 않겠다고 했는데 예상보다 많았다. 수북이 쌓인 들깨대를 보며 작년에 많은 양의 들깨를 생산했겠다 하는 생각이 들었다.

종이에 불을 붙여 모아놓은 무더기에 불을 붙였다. '확' 하는 소리와 함께 불길이 솟아올랐다. '따따따따' 큰 소리를 내며 높이 솟구쳐 올랐다. 이리저리 불똥이 날아다녔다. 순간 덜컥 겁이 났다. 얼른 꺼야겠다고 생각했지만 엄두가 나질 않았다. 얼굴이 벌겋게 달아오르고 불을 지켜보며 별일 없기만을 기도했다. 기다리고 있자니 몸이 달았다.

밭이 산과 인접해 있어 더욱 위험에 빠졌다. 얼마를 대책 없이 지켜보고 있는데 다행히 불이 조금씩 잘아들기 시작했다. 다행이다. 그런데 그때 등이 따뜻해짐을 느꼈다. 깜짝 놀라 돌아보니 어느새 불씨가 날아가 뒤쪽 풀숲에 불이 붙어 타고 있는 것이다. 마치 폭죽놀이하듯 여기저기서 불꽃이 피어올랐다. 황급히 아내와 나는 솔가지를 꺾어서 불을 끄기 시작했다. 한번 때릴 때마다 때린 자리의 불은 꺼지지만 다른 불씨가 옆으로 튀어나가 또 번진다. 겁이 덜컥 났다. 도망갈 수도 없고 진퇴양난이다. 이러다 우리가 불에 둘러싸여 화상을 입는 건 아닐까 걱정이다. 땀을 뻘뻘 흘리며 한참 동안 실랑이를 벌인 끝에 겨우 진화하는 데 성공했다. 다리에 힘이 빠져 털썩 주저앉았다.

서로 마주보며 한숨을 토해냈다. 옷과 얼굴이 말이 아니었다. 마음이 안정되자 서로 바라보며 웃었다. 검댕이가 돼버린 얼굴엔 땀이 흘러내려 계곡이 되었다. 그 땀이 옷으로 떨어져 바둑무늬가 되어 있었다.

왜 산불이 발생하는지를 알 수 있었다. 괜찮겠지 하는 작은 방심이 엄청난 재난으로 이어진다는 사실을. 대수롭게 생각했던 일이 나 아닌 다른 사람들에게 피해를 줄 수 있다는 것을 깨닫게 되었다. 큰일도 작은 불씨로부터 시작된다. 무섭다. 두려움에 떨었다. 놀란 가슴을 쓸어안고 마지막 잔불까지 확인하고 차에 올랐다. 다리가 후들거려 출발하지 못하고 한참을 차 안에 앉아 멍하니 산을 바라보고 있었다. 산불 감시원의 오토바이가 지나간다.

집으로 돌아오는 도중 도로변에 "작은 불씨 하나가 금수강산 다 태운다."는 플래카드가 눈에 들어온다.

순환

비가 그쳤다. 유리창을 타고 흐르던 빗물이 사라졌다. 이른 새벽 휴대폰이 울린다. 옛 직장 동료의 딸이다. 잠결에 받았더니 흐느끼며 아빠가 사고로 갑자기 돌아가셨단다. 아직은 젊은 나이인데, 슬프다. 알겠다고 말하고 곧 가보마 하고 전화를 끊었다. 애석하다. 얼마의 시간이 지나고 나면 떠난 사람은 잊어버리게 마련이다. 슬픔은 금세 심상해져서 일상으로 돌아가 전념한다.

우주를 떠돌던 그는 방문지를 이 지구라는 별을 선택하여 찾아왔었다. 순간의 긴 여정을 즐기며 흔적을 남기고 제자리로 돌아갔다. 많은 과정을 거치며 보고 듣고 느끼며 활동했던 곳이다. 그 기간 동안 형성됐던 가족, 친지들을 남기고 다음 방문지를 찾으려고 원래의 자리로 돌아갔다.

아버지 어머니로부터 받은 육신을 타고 무럭무럭 자라나 학교를 다니며 친구를 사귀고, 함께 소풍하며 성장한다. 그러다 또 다른 방문객을 만나 가정을 만들고 그 가정 속으로 또 다른 방문객을 초대한다. 가족이다. 서로 소중함을 나누며 굳게 울타리를 두르고 그들만의 가정을 성장시켜 나간다.

방문기간 동안 렌트하여 타고 다니던 육신에 이상이 감지되면 병원에 들러 진찰받고 치료한다. 힘들어 몸져 누우면 휴식을 주어 회복시켜주기도 한다. 몸에 좋다는 각종 영양가 있는 식품들을 섭취해가며 철저히 관리한다. 기왕 렌트하여 타고 다니는 몸이라 애지중지 아끼며 관리한다.

아끼고 사랑하던 가족을 떠나 우주로 돌아간 그는 지구에서 있었던 어떤 기억조차도 남김없이 버리고 다음을 준비한다. 그가 떠난 자리엔 남겨진 자들의 슬픔만이 자리하고 있다. 침통해하며 조문객을 맞이한다. 애잔하다. 떠난 사람을 잊지 못하고 그리워하며 몸부림친다. 다시는 만나볼 수 없기에 슬퍼한다. 그가 있던 원래의 자리로 돌아간 것뿐인데 우리는 슬퍼한다. 슬픔은 남은 자들의 몫인가 보다.

얼마의 시간이 흐르고 떠난 사람을 마음속에 접어두고 바쁜 일상에 시달린다. 그러다 비가 주룩주룩 내리는 날이면 창을 타고 흐르는 빗물을 바라보며 그리워한다. 흘러간 빗물도 돌아오게 마련이다. 강물이 되고 바다로 흘러들어 다시 하늘에 올라가 빗물이 된다. 그것이 우주의 순환원리이다.

바다 넘어 우주로 떠나간 그는 지금까지 잠시 지구에 들렀다 다시 우주를 떠돌고 있다. 다른 별을 찾아 떠날 것이고 그곳에서 새로운 생활을 시작하게 될 것이다. 그렇게 돌고 도는 것이 우주의 순환원리이다.

이 세상에 왔다 돌아갈 땐 모든 것을 돌려주고 가야 한다. 다음을 준비하는데 걸림돌이 될 수 있다. 패자로 가지 말고 승자로 돌아가야 한다.

장례를 모두 마치고 위로해 주셔서 감사하다는 문자를 받았다. 슬픔을 정리하고 제자리로 돌아와 다시 일상을 준비하는 그들이 아름답다. 모든 슬픔은 가슴에 묻고 이제 남겨진 가족들을 서로 안고 가야 한다. 생각의 바다 속으로 모든 것을 떠나보내고 아무 일 없었다는 듯 생활하며 살아가야 한다. 그렇게 돌고 도는 것이 인생인가 보다.

떠나보내면 또 다른 가족이 찾아온다. 예쁜 아기의 모습으로 방문객이 가족이라는 이름으로 찾아온다. 우리들의 인생은 그렇게 멈추지 않고 순환되며 살아가고 있다. 태어나고 돌아가고 끊임없이 돌아간다. 해가 나다 비가 내리고, 춥다가 덥듯이.

길

상주영덕간 고속도로의 개통으로 멀게만 느껴졌던 동해가 가까이 다가왔다. 험난한 산악지대를 터널과 교량으로 연결하는 난공사를 마치고 개통한 것이다. 좋아진 길 덕택에 이제 어디든 쉽게 다녀올 수 있다. 길은 우리의 생활이고 경제발전의 기반시설이기에 더욱 많이 건설되고 개선되어야 한다. 길에서 흘러간 세월을 느끼고 역사를 볼 수 있기 때문이다

살아온 시대에 따라 길이 정해진다. 힘들고 어려웠던 시절엔 길의 중요성을 크게 인식하지 못했다. 없던 길도 사람이 지나가면 길이 되었다. 짐을 운반해야 할 때는 차도가 아닌 우마차가 통행하는 신작로를 만들었다. 길을 만드는 비용도 없어

부역을 통해 강제 동원하여 건설하였다.

길에서 아픈 역사를 바라본다. 일제 강점기를 거친 할아버지는 나라 잃은 슬픔으로 울분과 좌절의 길을 걸어왔다. 강제 노역에 동원되어 길을 닦았고 노동자로 끌려가 힘든 노역에 시달렸다. 길이 파손되면 부역에 강제 동원되어 삽과 괭이로 보수했다. 흙먼지 자욱한 신작로를 지게에 짐을 짊어지고 걸어오셨다.

아버지의 길은 해방을 맞이하고 기쁨을 노래하다가 전쟁을 거치며 분단된 조국에서 철조망에 가로막힌 길을 걸어왔다. 다리와 길이 끊기고 폐허가 되어버린 삭막한 길이다. 그런 길을 새마을 운동을 통해 자발적으로 참여하여 복구하였다 농로를 확장하고 지게로 다니던 논둑길을 리어카가 다니고 경운기가 오가는 농로로 만들었다. 마을길도 넓혔다. 허물어진 담장은 시멘트 벽돌을 찍어 반듯하게 쌓았다. 그런 길을 자전거와 자동차로 다녔다.

나의 길은 국가에 대한 분노로 가득한 저항의 길이었다. 힘든 과정을 거쳐 아스팔트 포장된 넓은 도로와 고속도로를 건설하여 새로운 시대를 열게 되었다. 서울과 부산을 잇는 경부고속도로가 개통되면서 1일 생활권이 시작된 것이다. 처음으로 길에 터널이 생겼다. 부역을 통해서 얻어지는 길이 아닌 건설회사에서 건설하는 길다운 길이다. 많은 예산은 들어갔지만 그 길을 통해 수출품이 운반되어 경제는 비약적으로 발전하게 되었다.

농로도 포장되어 비가 내려도 걱정 없이 농산물을 운반했다. 리어카가 사라지고 트랙터가 오가고 있다.

이제 우리 후손들의 길은 하늘길이 열릴 것이다. 산과 산을 터널과 교량으로 연결하는 하늘 길을 달릴 것이다. 솜털보다 가벼운 구름을 타고 하늘 길을 날아다닐 것이다. 공중으로 떠다니는 KTX와 무인 자율 주행 자동차로 빠르고 편안하게 안전한 길을 달릴 것이다. 고화질TV와 스마트폰으로 세상을 열고, 드론으로 배달되는 택배를 받게 된다.

육지와 섬의 구분이 사라지고 있다. 육지에서 섬, 섬에서 섬이 교량으로 이어지고 있다. 해저터널로 연결된다. 곧 섬은 사라지고 뱃길이 자동차길로 연결될 것이다.

길에 과거가 있고 현재가 있고 미래가 있다. 국가 발전 또한 길에 있다. 앞으로 우리 자손들은 어떤 길을 달려가야 할지를 생각하며 예측해 본다. 자동차로 이동하는 길이 아닌 전자파 같은 보이지 않는 길을 달릴 것 같다. 자동차가 아닌 또 다른 수단으로 이동하며 살아갈 것 같다.

우주로 가는 위성을 타고 별나라로 여행을 다닌다. 우주선이 아닌 비행물체를 이용하여 우주로 날아갈 것이다. 비좁은 지구를 탈출해 외계인과 소통하며 여행을 즐기는 모습을 상상해 본다.

흘러간 길에 미련을 두지 말고 다가오는 길을 맞이하자. 슬픔과 아픔이 묻어나는 과거에 집착하면 미래는 사라진다. 미래 지향적인 새로운 역사를 써내려가는 길을 개척하자. 암울했던 과거로부터 탈피하고 밝은 미래로 힘차게 뻗어나가자. 새로운 길 새 단장하고 쭉쭉 뻗어나가자.

(충청매일 2018. 3. 7.)

해외여행과 불청객

두오모성당 앞에서 할아버지 한 분과 할머니 한 분이 가방을 열어보며 침통해 하고 있다. 가방 속에 들어있던 여행 경비를 잃어버렸다 한다. 순식간에 일어난 사건이다. 일행 모두는 그저 멍하니 바라보고 있을 뿐이다. 귓속 가득 차도록 들어온 소매치기 주의 당부였는데 우리 일행 중에서 당하고 나니 더욱 참담했다. 여행은 즐거워야 하는데 긴장 속에서 즐겨야 하니 즐겨도 즐기는 것이 아니었다.

여행사에서 지정해준 약속 장소로 갔다. 인천 국제공항 G와 F 사이 여행사 카운터 앞에는 함께 출발할 여행객들이 도착하여 안내를 받고 있었다. 모두 34명이었다. 출국 수속을 마치고 13시간의 긴 비행 끝에 로마 피우미치 국제공항에 도착했다. 야간에 도착하여 곧바로 관광버스를 타고 호텔로 이동하여 변화된 환경을 느낄 수 없었다. 다만 가이드의 주의사항만 호텔 도착할 때까지 계속되었다. 귀중품은 챙겨서 항상 몸에 지니고 다니고 소매치기를 조심해야 한다고 신신 당부했다.

도시 전체가 박물관인 사랑의 도시 로마 시내 관광에 나섰다. 버스가 출발하자 가이드 첫말이 소매치기 조심하라는 말로 시작됐다. 그런 다음 하루 일정을 소개하며 세상에서 가장 작은 독립국인 바티칸시국에 도착했다. 그곳에서 현지 가이드를 만났는데 역시 첫마디가 소매치기 조심하라는 말로 시작됐다. 시작부터 머리가 무거워진다. 성스러운 성베드로 성당이 있는 바티칸에 와서도 마치 로마는 역사문화의 도시가 아니라 소매치기의 도시라는 색안경을 쓰고 보는 것 같은 느낌이 들었다.

로마 관광을 마치고 로마 귀족들 사이에 인기 높았던 도시 폼페이로 향했다. 베수비오화산 폭발로 도시 전체가 화산재에 파묻힌 비운의 도시 폼페이다. 손써볼 겨를도 없이 도시와 2만여 명의 주민이 화산재에 파묻혀 미라의 형상이 되어버린 비운의 도시다. 참혹했던 당시를 떠올리며 비장한 마음으로 둘러보고 소렌토항으로 이동하여 카프리섬 관광에 나섰다. 섬의 아름다움에 취해 있는데 소매치기 주의하라는 경고는 계속되었다.

마음이 아름다워야 아름다운 풍경을 감상하고 느낄 수 있다고 한다. 소매치기에 대한 생각으로 가득 찬 머리로 무엇을 제대로 보고 듣고 담을 수 있을까. 털어 버리기로 했다. 머릿속에서 모두 지우고 오직 관광에만 몰두하며 즐기기로 했다. 작은 것 하나라도 놓치지 않고 더 깊게 심취하여 보고 듣고 느끼며 즐겼다. 그러나 그도 잠시뿐이었다.

다음날 르네상스를 꽃피운 도시 피렌체로 이동하는 버스에서 소매치기 경고는 잊지 않고 이어졌다. 장엄하고 화려한 엄청난 세월에 거쳐서 만들어진 아름다운 두오모성당에 도착했다. 현지 가이드의 설명을 듣고 성당 주변을 돌며 사진 촬영을 하면서 감상하고 있는데 일행 중 할아버지 한 분이 어깨에 메고 있던 손가방을 내려 열려있는 지퍼를 확인하고 안을 살펴보았다. 800유로가 들어있는 돈 봉투가 없어졌다고 했다. 그러자 옆에 있던 다른 할머니도 자신의 가방이 열려있음을 알고 안을 살펴보더니 역시 돈 봉투가 사라졌다고 했다. 난감하다. 그렇게 주의하라고 주지시켰는데 우리 일행 중 두 분이 한 장소에서 동시에 소매치기를 당한 것이다. 모두 어안이 벙벙하여 말없이 서있을 뿐이다. 여행 다닐 기분이 싹 사라진다.

영국 프랑스 등 다른 국가들도 사정은 똑같았다. 현지 가이드를 만나면 첫 인사가 소매치기 주의하라는 말이다. 하루 일정을 마치고 저녁에 호텔에 들어가 그날 촬영한 사진을 보면 손이 한결같이 메고 있는 가방 위에 올려져 있다. 한심하다. 그러나 그것이 현실이기 때문에 받아들여야 한다. 돈만 잃어버렸으니 다행이다. 만약 여권까지 분실했다면 일행과 헤어져 함께하지 못한다. 비참한 현실이다.

역사는 흘러가도 예술은 남아 있었다. 훌륭한 문화유산을 관광산업으로 육성하여 소득을 창출하는 국가들이다. 심지어 재앙마저도 관광자원으로 승화시킨 그들이 대견해 보였다. 부럽기까지 했다. 이렇게 위대하고 대단한 아름다운 문화예술을 감상하고 돌아가 다시 찾고 싶은 마음이 들도록 잘 보존하고 있었다. 한번 찾아온 관광객이 제대로 느끼고 돌아가 주변에 광고한다면 더 많은 홍보효과를 거둘 것이다. 이런 훌륭한 관광산업을 저해하는 소매치기 같은 불청객 문제만 해결한다면 금상첨화錦上添花가 될 것이다.

여행은 여행다워야 한다. 고통과 두려움으로 다녀와서는 안 된다. 어렵게 준비한 희망과 기대로 가득한 여행. 기다리며 얼마의 시간을 갖고 준비하여 출발한 여행. 불청객으로부터 방해받아서는 안 된다. 그래도 잘 극복하고 마지막 도착지까지 건강하고 즐겁게 돌아와 무한이 기쁘다. 이제 이 자리에서 또 다른 여행이 계속 준비된다.

우리나라도 중국을 비롯한 세계 각국에서 찾아오는 관광객의 숫자가 늘어나고 있다. 이태리의 소매치기 같은 행태의 바가지요금이나 불친절을 겪게 한다면 우리가 해외에서 겪은 고통이

나 다를 바가 없다. 오는 손님에게 보다 친절로 대하고 관광객을 상대로 생업에 종사하는 이들은 물론 국민 모두가 이 점을 각별이 주의해야 하겠다. 이태리의 경우를 타산지석他山之石으로 삼아 찾아오는 관광객들이 불편함을 겪는 일이 없도록 친절과 미소로 대해주어야 우리의 관광산업이 활기를 찾게 될 것이다.

김밥 아줌마

아줌마는 오늘도 지나가는 차를 향해 손 흔들며 춤을 춘다. 아침 식사를 하지 못하고 출근하는 사람들을 위해 김밥을 팔고 있다. 곰 머리 모양을 뒤집어쓰고 엉덩이를 흔들며 환한 미소를 지으며 춤을 춘다. 이른 아침 덜 깬 잠을 깨워주는 환하고도 정겨운 엄마손 김밥이다. 사는 이는 별로 없어도 지친 기색 없이 아름답게 춤을 추고 있다. 누군가는 사는 사람이 있기에 저렇게 매일 나와서 팔고 있을 것이다. 맛도 궁금해진다. 환한 미소와 예쁘게 추는 춤만큼 맛도 좋을 것 같다.

이른 새벽 그곳을 또 지나치게 되었다. 그런데 그 김밥 아주머니가 보이지 않는다. 왜 안 나왔을까. 혹시 아픈 건 아닐까?

별의별 생각이 다 든다. 어느새 정이 들었나 보다. 공연히 궁금해진다. 누군가를 걱정한다는 것은 그 사람을 생각하고 좋아한다는 것이다. 또 매일 그 김밥으로 아침 식사를 해결하던 사람들은 어떠할지도 궁금하다. 있어야 할 장소에 나타나지 않으면 나도 모르게 궁금증이 일어 견딜 수 없다. 손 흔들고 춤추며 김밥을 파는 모습이 눈에 선하다.

나는 한 번도 그 김밥을 사먹어 보지 않았다. 먹어보고 싶다는 생각만 가지고 있었다. 음식은 그 사람의 말이나 행동에서 어느 정도 맛과 솜씨를 알아볼 수 있다. 행실이 좋은 사람의 음식은 맛도 좋다. 선입견 때문일 것이다. 보기 좋은 떡이 맛도 좋다고 했다. 그만큼 품행은 중요한 것이다. 몸가짐이 좋으면 그만큼 남보다 가산점을 받게 된다. 물론 단면만 보고 너무 쉽게 평가하는 경향도 있을 수 있다. 김밥 아줌마의 행실을 좋게 보았기 때문에 오늘 보이지 않는다고 걱정까지 해주고 있는 것이다.

어린 시절 어머니께서 싸주셨던 김밥이 생각난다. 김밥 속에 멸치나 김치만 넣어서 싸주셔도 어린 마음을 미소 짓게 만드는 맛이었다. 요즘의 김밥처럼 참치, 치즈 등은 들어가지 않았어도 환상적인 맛이었다. 삼각 김밥 누드김밥이 아니어도 어머니의 김밥은 정말 맛있었다. 인자하신 어머니의 인상에서 나오는 감미롭고 아름다운 맛이었다. 곱고 예쁜 손으로 정성을 담아 말아주셨던 그 김밥 맛은, 김밥집 앞을 지나칠 때마다 생각난다. 어머니의 정과 사랑이 듬뿍 담긴 찾아볼 수없는 감정을 자극하는 맛이다. 그 맛은 언제나 고향을 생각하게 만든다. 어머니를 보고 싶게 만든다.

어머니는 김밥 재료를 가지런히 늘어놓고 말기 시작했었다. 가지런히 진열되어 있는 재료들을 보면 형제들 같다는 생각이 든다. 김밥 속의 재료들을 차곡차곡 올리고 감싸 말아 보호해주는 김은 어머니의 울타리라 생각했었다. 품으로 감싸 안고 흐트러짐 없이 하나로 뭉쳐 살아가라는 어머니의 교훈이 담긴 김밥이었다. 지나치는 사람들이 김밥을 사먹는 것은 그런 어머니의 사랑을 맛보기 위해서일 것이다.

오늘 또 그 길을 지나가게 되었다. 미리부터 궁금해지기 시작했다. 과연 오늘은 나와서 장사를 하고 있을지 기대하며 달려갔다. 멀리서 보이기 시작했다. 언제나처럼 곰 인형 옷을 입고, 쓴 아줌마가 손을 흔들며 나비처럼 사뿐사뿐 춤을 추고 있다. 왠지 반갑다. 지나치는 모든 차들을 향해 환한 웃음으로 손을 흔들며 춤을 추고 있다. 기분이 좋아진다. 아프지는 않은가 걱정했는데 춤추고 있는 모습을 보니 안심이다. 많은 사람들의 아침을 해결해 주는 곰 인형 탈을 입은 춤추는 김밥 아줌마는 사람들의 사랑을 받으며 살아가고 있는 것이다.

김밥 아줌마는 사랑을 전한다. 비록 돈을 벌려고 하는 일이지만 그보다 상대방에 대한 깊은 배려심이 내재되어 있을 것이다. 이른 아침 식사를 하지 못하고 출근하는 이들에게 따뜻한 김밥을 제공해야겠다는 사명감 깃든 배려심일 것이다. 잠을 거른 채 맛을 살려 정성을 말아 완성된 김밥. 단순한 밥이 아닌 건강을 둘둘 말은 정성이 담긴 김밥이다. 누군가를 위해 내가 해야 한다는 사명감. 너를 생각할 줄 아는 사랑 가득한 김밥일 것이다.

이런저런 생각을 하며 달리다 보니 어느새 지나쳐버렸다. 오늘은 꼭 김밥을 사고 싶었는데 지나쳐버렸다. 언제나 웃으며 춤추는 즐거운 마음으로 만든 김밥, 아마 맛있을 것이다. 그 환상을 깨지 않기 위해 오늘도 그냥 지나쳐 버렸는지 모른다. 김밥 아줌마에게서 어머니를 느끼고 싶은 마음일 것이다. 마음 속으로만 간직하고 생각하는 맛으로 남기고 싶어서 그랬을 것이다.

(2014. 05. 22.)

기다림

봄비가 자주 내린다. 오늘도 내린다. 비는 짙어가는 나뭇잎 사이로 먼 여정을 마감하며 부딪쳐 흩어진다. 창밖을 보고 있는데 관리실 출입문 앞에 노란 우산을 쓰고 서있는 할머니가 보인다. 노인정 문을 열 때까지 언제나 저렇게 서 있다. 하루 기다림의 시작이다. 그래도 오늘은 우산과 함께여서 다행이다.

아들 내외가 아침 일찍 출근하며 노인정이 있는 관리동까지 태워다 주고 간다. 너무 이른 시간이라 한참을 기다리고 있어야 한다. 꽃이 피고 지고 열매가 익고 눈이 내려도 한결같다. 서성이며 관리동 주변을 맴돈다. 화단의 잡초도 뽑아보고 시골장 가는 행렬같이 긴 개미의 움직임도 관찰하며 경비 아저씨가 와서 문을 열어줄 때까지 하염없이 기다리고 있다.

날씨가 좋을 때는 이것저것 간섭할 거리라도 있지만 오늘같이 비가 내리는 날이면 할일이 없다. 그저 우산을 받쳐들고 안개 낀 눈으로 떨어지는 빗방울을 바라보고 있을 뿐이다. 미동도 없다. 같은 동작으로 한없이 서서 기다린다. 한참의 시간이 흐른 뒤에도 같은 자세로 서 있다. 우산을 잡고 있는 손은 보이지 않지만 떨고 있을 것이다.

얼마나 긴 세월을 기다림 속에 살아 왔을까. 이제 지칠만도 한데 아직도 저렇게 기다리고 있다. 무엇을 생각하며 기다릴까. 아니면 그저 아무 생각 없이 서있는 것일까. 이른 시간이라 지나가는 사람도 없다. 나처럼 창을 통해 바라보고 있는 사람만 있을 것이다.

아들딸 낳아 보살핌으로 성장시켜 세상에 내보냈다. 다시 혼자가 되었다. 다들 바쁘다는 이유로 귀찮은 존재로 내몰린다. 가끔 생일과 명절에 찾아와 용돈 몇 푼 건네주고 할일 다했다고 자기네들끼리 희희낙락거린다. 그러다 각자 집으로 돌아가면 효도의 전부다. 그마저도 바쁘다는 이유로 오지 않는 자식도 있다. 보상을 바라고 아들딸을 키운 건 아니지만 늙어 줄어드는 인생을 내다보면 억울할지도 모른다. 요양원으로 내몰리지 않고 함께하고 있다는 게 다행이다. 억울해도 내색하지 않고 아직도 한없이 주고 싶은 마음일 뿐이다.

나는 굶어도 자식들은 배부르게 먹여야 한다. 내 옷은 기워 입어도 자식들 옷은 새 옷으로 사서 입혀야 한다. 남들에게 손가락질 받지 않게 잘 먹이고 반듯하게 입혀 내보내야 한다. 그러다 보니 배는 점점 줄어들어 가슴이 허벅지에 닿으려 한다. 고왔던 얼굴엔 밭이랑으로 가득 차고 무릎과 친구하러 다가간다. 그래도 그 가슴속엔 오직 아들딸뿐이다.

경비 아저씨가 출입문을 열어준다. 고맙다고 다 구부러진 허리를 더 구부리며 인사한다. 우산을 접고 있는 손이 저려 오는지 잘 움직이지 못하고 간신히 돌아서는 발걸음도 휘청거린다. 기다림의 끝은 저려오는 고통뿐이다. 힘든 것도 잊고 열린 문이 반가운 듯 얼굴엔 웃음꽃이 활짝 피어난다.

이제 또 기다려야 한다. 노인정으로 들어서면 냉랭한 공기와 퀴퀴한 냄새가 반겨준다. 아들며느리 흉보는 친구들이 올 때까지 또 기다려야 한다. 딸이 사준 옷 자랑, 아들들이 주고 간 용돈 자랑하는 친구들이 찾아올 그 시간까지 기다림은 계속된다. 밤새 건강이 좋지 않아 병원에 간 친구가 치료를 마치고 돌아올 때까지 기다려야 한다. 어쩌면 이런 기다림을 즐기고 있는지 모른다.

하루가 흘러간다. 인생이 흘러간다. 길고 긴 기다림 속에 세월은 흘러가고 서산으로 기우는 해를 바라보며 데리러 올 아들며느리를 기다린다. 함께했던 친구들은 모두 돌아가고 쓸쓸히 혼자 남아 기다린다. 가로등이 켜지면 데리러 오겠지. 바람 속에 기다린다.

또다시 혼자가 되어 기다림을 이어가고 있다. 이 기다림의 끝은 어디일까. 그 끝은 기다리지 않는다. 누군가를 기다린다는 것은 그나마 행복일 수 있다. 기다림의 끝을 생각하지 않고 오늘도 열쇠 들고 웃으며 다가오는 경비 아저씨를 바라본다. 경비 아저씨가 나를 데리러 오는 아들이었으면 하는 바람으로 바라보고 있을 것이다. 끝이 아닌 또 다른 기다림 속으로 점점 빠져든다.

기다림에도 완성이 있는가. 아마 그것은 고독일 것이다. 나는 아직 고독을 알지 못한다. 나에겐 희망의 기다림만 있을 뿐이다. 요즘 아이들은 자장면 한 그릇 주문하고 빨리 배달 오지 않는다고 재촉한다. 기다림을 모른다. 할머니의 기나긴 인생살이를 통해 터득한 기다림을 배워야 하겠다.

외로움

아내와 함께 밭에 나간다. 고된 하루의 시작이다. 그래도 함께여서 즐겁다. 혼자 힘든 일을 감내하려면 얼마나 많은 고통과 외로움을 겪어야 하겠는가. 누군가와 함께라면 나누어 갈 수 있을 텐데.

함께라서 즐겁다. 비록 어렵고 힘든 일이지만 함께하기에 즐기며 할 수 있다. 능률 또한 배가된다. 이야기를 나누며 손은 빠르게 움직이다 보면 어느새 마무리가 눈앞이다. 작업 도중 발생되는 문제점도 함께 머릴 맞대면 쉽게 해결된다. 이것이 하나가 아닌 둘의 위력이다.

청주에서 영동에 있는 농장까지 이동하려면 한 시간 정도가 걸린다. 다소 먼 길이지만 우리는 즐겁게 이 길을 달려 텃밭을 가꾸듯 농작물을 심고 가꾼다. 작업도중에 먹을 간식과 점심거리도 준비해 가지고 가서 직접 해서 먹는다. 어떻게 보면 캠핑을 나온듯한 기분이 든다. 그러기에 힘든 일도 웃으며 할 수 있다

우리 둘이 농사짓기엔 힘에 겨워 시골에 살고 계신 당숙모에게 몇 이랑을 내주었다. 일찍 혼자 되셔서 외롭게 살고 있는 나이가 많으신 당숙모다. 다리가 불편하여 하지 못한다 하면서도 다른 밭에 비해 토질이 좋아 고구마 맛이 좋다며 힘들어 하면서도 함께한다.

우리에겐 중요한 역할을 해주시는 분이다. 밭을 함께 경작하지만 거리관계상 우리가 자주 가지 못하니까 급한 상황이 발생했을 때 언제나 전화하여 부탁드린다. 그럴 때마다 웃으시며 기꺼이 응해 주신다. 서로를 만족시켜주는 필요한 존재이다.

그랬던 당숙모가 올해에는 너무 힘들다고 함께하지 못한다 하신다. 충격이다. 그러나 어찌할 도리가 없다. 연세가 있으신 관계로 다리가 불편하여 밭에 다니시기가 어렵다고 하신다. 욕심 같아서는 같이 하고 싶으나 도저히 감당하기가 어렵다는 것이다.

어쩔 수 없이 밭 전체를 우리 둘이서 다 경작하기로 했다. 고구마 싹 양을 늘려 구입하고 심으러 갔다. 많은 양을 심어야 하기에 쉬지도 못하고 땀을 줄줄 흘리며 열심히 심었다. 둘이 감당하기엔 벅찬 일거리였다. 오후로 접어드니 해는 더욱 강하게

내리쬐고 몸은 지쳐만 갔다. 내일 다시 와서 할 수도 없고 늦어도 오늘 다 마무리를 지어야 하는 상황이라 점점 부담감만 커졌다.

손이 아파오기 시작했다. 땀을 많이 흘린 탓에 갈증도 심해졌다. 연신 물을 마셔가며 열심히 심고 있는데 당숙모가 오셨다. 쉬었다 하라 하시며 음료수 한잔씩을 따라 주셨다. 한없이 감사하고 고마웠다. 음료수가 아닌 보약 같았다. 아무리 바빠도 덕분에 조금 앉아서 쉴 수 있는 여유를 가져 보았다.

잠시 땀을 식히고 있는데 당숙모가 한 말씀 하셨다. 아무리 힘들어도 우리는 둘이 함께 이야기도 하면서 일을 하니까 즐겁게 할 수 있다는 것이다. 혼자 할 수 없는 일을 남의 손울 빌려서 해결해야 하시는 당숙모다. 그 외의 일은 혼자 하신다. 그래서 항상 외롭고 쓸쓸하다고 하신다. 우리가 둘이 함께 와서 열심히 일하는 모습을 보면 부럽다고 하신다.

우리는 모르고 있었다. 당숙모는 매일 혼자 해야 하니까 능률도 오르지 않을 뿐더러 누구와 대화 상대가 없으니 외로워서 힘이 배가 든다는 것을. 그것도 모르고 우리는 당숙모 앞에서 희희낙락거렸다.

그렇다. 우리는 느끼지 못했던 중요한 이야기를 해주신 것이다. 고통은 나누면 반이 된다는 진리를 알지 못하고 힘들게만 느끼고 받아들이며 일을 해왔던 것이었다. 얼굴이 후끈거렸다. 힘들다는 말을 할 수가 없었다.

억지로 허리가 아파도 즐거운 척 웃음을 지었다. 진리는 가까이에 있었다. 세상사 모든 것은 생각하기 나름이라는 것을 새삼 깨닫게 되었다. 나만 아니고 모두가 힘들고 어렵다. 그중 하나보다는 둘이 둘보다는 셋이 함께하면 힘들고 어려운 일도 쉽게 할 수 있다는 평범한 진리를 알게 되었다.

당숙모께서는 어려운 일은 남의 손을 빌어서 해결해야 하기에 항상 외롭다고 하신다. 우리가 둘이 와서 함께하는 모습을 보면 부럽다고 하셨다. 나는 항상 혼자라 외로운데 부럽고 샘도 난다고 하셨다. 우리는 모르고 있었다. 그냥 순간순간이 힘들고 고달프다고만 느끼며 일해 왔었다. 그런데 우리의 모습을 보며 외로움을 타고 부러워하는 사람도 있다는 사실을 알고 우린 행복하고 복에 겨운 투정을 부리고 있었다는 사실을 알게 되었다. 아내와 함께 라는 것이 얼마나 행복하고 즐거운 것인가를 느끼며 그곳에서 행복을 찾으며 살아가야 하겠다고 다짐했다.

(2015. 5. 4.)

떨켜

형형색색의 낙엽이 바람에 이리저리 날아다닌다. 한때 푸르름을 자랑하던 나뭇잎들이었다. 하늘이 내린 본분을 다하고 황혼 속으로 사라진다. 나무는 혹독한 겨울을 나기 위한 방법으로 나뭇잎에 떨켜를 형성시켜 낙엽 되어 날아가게 한다. 미련도 아쉬움도 없이 정해진 길을 간다. 기억 속으로 묻히어 간다.

나무는 제 살길을 찾기 위해 나뭇잎을 떨어뜨린다. 추한 모습으로 보내지 않고 빨갛고 노란 옷으로 갈아 입혀 떠나보낸다. 아름답고 황홀한 다른 세상으로 보내져 새로운 길을 가게 한다. 한때 커다란 그늘을 제공해주던 나뭇잎들이 모두 사라진다.

아버지가 갑자기 쓰러져 병원으로 후송되셨다는 연락을 받왔다. 허겁지겁 옷도 갈아입지 못하고 달려갔다. 뇌경색이라고 했다. 곧바로 혈전용해제를 처방했으나 의식이 없다. 세상이 무너질 때도 가슴이 이렇게 떨릴까? 모든 것을 병원에 맡기고 건강해질 날만을 기다릴 수밖에 없다. 그것이 희망이다.

서울, 인천에 사는 동생네 식구들과 부산 작은아버지 가족까지 모두 모였다. 다들 걱정하며 어두컴컴한 병원 복도를 왔다 갔다 했다. 의식이 회복되기만을 기다릴 뿐이다. 의사 선생님과 간호사가 각고의 노력을 기울인 덕분에 약간 호전되어 일반 병실로 옮기셨다. 불행 중 다행이다. 얼마 동안 병실에서 치료를 받았지만 더 이상 좋아지지 않았다. 오히려 점점 나빠지는 듯했다.

병세는 악화되었다. 합병증으로 패혈증이 왔다 한다. 곧바로 중환자실로 옮기셨다. 이제부터는 가족이 병간호도 하지 못한다. 주어진 시간에 한정된 면회만이 허락된다. 아무도 알아보지 못하고 누워만 계신다. 얼굴에는 산소공급용 호스가, 손과 발에도 온통 호스와 전선이 연결되어 있다. 기계 소리만 들린다. 미동도 없이 누워만 계신다. 살아있는 목숨이 아닌 것 같다. 수건에 물을 적셔 닦아주고 나온다.

의사 선생님이 가족들을 찾았다. 갑자기 얼굴이 화끈거리고 가슴이 쿵쾅거린다. 불길한 예감이 든다. 역시 더 이상 치료가 불가하니 준비하라고 하신다. 오늘을 넘기기 힘드니 마지막으로 얼굴을 보아야 할 가족을 모두 부르라 하셨다. 급히 연락하여 모두가 모였다. 차례차례 얼굴을 보고 나와서 흐느끼며 울고 있다. 이제 보내 드려야 하기에 가슴 아파하는 것이다.

다음날도, 다음날도 똑같은 일이 반복된다. 의사 선생님은 이상하다는 말씀만 하신다. 일단 모두 집으로 돌아가시게 한 후 연락하면 다시 오게 하란다. 집에 가서 있다가 연락하면 다시 오라고 막 돌려보냈는데 의사 선생님이 또 찾는다. 빨리 연락하여 부르라 했다. 미처 집에 도착도 하기 전에 다시 돌아왔다. 그러기를 몇 차례. 아버지께서는 세상과의 이어진 끈을 놓지 못하시는 것 같다. 가족과 헤어짐에 미련이 남은 듯했다.

나뭇잎은 가을이 되면 떨켜가 형성되어 낙엽이 되어 여기저기로 날아가 흩어진다. 몸체인 나무로부터 떨어져 나간다. 나뭇잎으로서의 생을 마감하고 낙엽 되어 쓸쓸이 떨어져나가 연기처럼 사라져 버린다. 모두에게서 잊혀간다. 그러나 떨켜가 형성되지 못한 나뭇잎은 겨울에도 떨어지지 못하고 매달려 있다. 안쓰럽다. 우리 인생도 같은 이치인 것 같다. 세상에 태어나 희로애락을 맛보며 살아오다 어느 날 모두의 곁을 떠나고 만다. 떨켜가 형성되어 세상에서 떨어져나가 낙엽 되어 날아가 버리는 것이다. 나는 아버지의 떨켜를 두려워하고 있는지도 모른다. 언제까지 한 그루의 나무로 버티고 있기를 원했는지 모른다.

우리 가족에게 커다란 그늘이셨던 아버지도 이제 떨켜를 형성하여 떨어져나갈 준비를 하신다. 가족을 위한 큰 그늘의 역할을 나에게 넘겨주기 위해 준비를 하신다. 나는 아직 넘겨받을 만한 준비가 되어있지 않고, 자격도 갖추지 못한 상태여서 당황스럽기만 하다.

떨켜가 형성되지 못해 떨어지지 않고 있던 아버지의 낙엽도 오래가지 못했다. 결국은 낙엽 되어 나무로부터 떨어져 나갔다. 그 낙엽은 수많은 낙엽 속으로 날아갔고 이젠 찾을 수조차 없다. 다만 기억 속에 남아있을 뿐이다. 어느 곳으로 날아갔는지는 아무도 알 길이 없다. 온 가족에게 그늘을 제공해 주셨던 아버지나무는 그렇게 사라졌다. 이제는 내가 가족에게 그늘을 주어야 한다. 부족하기만 한 내가 그늘을 지워야 한다. 가족이라는 나무는 변함없이 서 있고 낙엽만 날아갔을 뿐인데 그 자리가 이렇게 크게 작용할 줄은 몰랐었다. 그렇게 막중한 역할을 나에게 넘겨주고 아버지의 존재는 우리 곁을 떠나고 말았다.

누구에게든 가을은 찾아온다. 가을이 오기 전에 하고 싶은 일들을 해야 할 것이다. 후회하지 말고 미리 찾아 즐기고 떠날 준비를 해야 할 것이다. 누구나 맞이하는 가을이지만 어떻게 맞이하느냐가 중요할 것이다. 내가 이 다음에 가족을 위한 큰 그늘을 만들지 못하고 낙엽 되어 떠나가면, 나의 아들 또한 역할을 하지 못할 것이다. 내게 막중한 임무가 넘어온 것이다.

가을이다. 창밖 나뭇가지에서 바람에 낙엽이 흩날린다. 언제까지나 푸르름을 자랑할 것 같던 나뭇잎이 하나둘 떨어져 나간다. 우리 인생도 언제까지 청춘일 수는 없다. 언젠가는 낙엽 되어 떨어질 것이다. 그 끈을 놓지 않으려고 안간힘을 쓴다 하더라도 결국은 떨어진다. 때가 되면 낙엽 되어 떠나야 한다. 세상의 미련을 버리고 낙엽으로서의 길을 가야 한다. 이젠 나뭇잎이 아닌 것이다. 그것이 자연의 섭리이다. 나뭇잎이 섭리를 따르듯 우리네 인생도 따를 수밖에 없는 것이다.

(2014. 11. 02.)

| 작품 해설 |

자연에서 이룬 존재의 정원

이방주
(수필가, 문학평론가)

1. 들어가기

사람들은 누구나 삶의 세계에 존재한다. 이탈리아에서 태어나 소크라테스 이전에 엘레아 학파를 세운 그리스 철학자 파르메니데스(Parmenides 기원전 510년경~450년경)는 존재는 모든 것이 가진 속성일 수도 있고 물리 세계 너머에 또는 그 위나 뒤에 있는 대상이나 영역일 수도 있다고 했다. 불가佛家에서 존재存在는 세계의 다양한 현상을 파악하기 위해 일정한

조건을 채운 현상들을 두루 일컫는다. 보통 그 현상들이 물리적인 인과 관계를 가질 때 '존재한다'라고 인식된다. 그리고 그 존재의 실체는 오감에 의해서 알아낸다. 장폴 사르트르(Jean-Paul Charles Aymard Sartre, 1905~1980)는 인간은 실존적 존재임을 밝히고 실존은 본질에 앞서는 것이며 주체성이라는 명제를 제시하였다. 그는 인간의 의식과 자유의 구조를 밝히면서 실존의 결단과 행동과 책임과의 연대성을 강조하였다. 기원전의 철학자로부터 20세기 철학자들까지 존재에 대한 견해는 물리적 존재 너머의 존재까지를 존재로 인식하는 공통점을 지니고 있다. 사르트르는 존재 너머의 영역이나 본질을 넘어서 주체성을 포함하여 실존이란 명제로 제시하였다.

사르트르는 '인생은 B(Birth)와 D(Death)사이의 C(Choice)이다.' 라고 말했다. 선택의 중요성을 강조한 이 말은 선택의 순간에 결단과 행동 그리고 선택 이후의 책임을 말한 것이라 생각한다. 이렇게 보면 인과관계를 가지는 현상을 존재로 파악하는 불가의 가르침과도 상통한다.

우리는 삶의 여정에서 수없이 선택의 순간을 맞이한다. 아니 한 발 내딛는 순간을 모두 선택의 기로岐路에 서 있다고 해도 과언이 아니다. 때로는 선택을 강요받기도 하고 때로는 자발적으로 선택에 임하기도 한다. 사르트르는 선택의 순간에 작용하는 주체성을 염두에 둔 것으로 짐작할 수 있다. 친구를 선택하고, 학교와 전공을 선택하고, 배우자를 선택하는 경우처럼 중대한 선택뿐 아니라 글을 쓰면서 단어를 선택하는 일, 점심 메뉴를 정하는 일처럼 단순한 선택에도 고민이 필요하다. 작은 선택에서도 생활 철학을 바탕으로 결단해야 하고 당연히 책임이 따르게 마련이다. 이 모두가 인과관계에 의해 연대한다. 선택이 씨앗이 되어 우리는 어딘가에 존재한다. 그렇게 존재가 끊이지 않고 영원히 계속될 때 그리고 그런 존재가 가치를 지닐 때 아름다운 삶의 역사가 지속된다.

강흥구 수필가의 수필집 《산밭에 핀 도라지꽃》 출간을 축하드린다. 강흥구 수필가는 자연 속에서 '자연을 알아가고 대화를 통해 그들이 우리들에게 전달하는 전달자가 되어가고 있다'고 말한다. 표제 《산밭에 핀 도라지꽃》에서 존재의 영역은 산밭이고 존재는 도라지꽃이다. 도라지꽃은 산밭에 존재한다. 강흥구 수필가는 상관물 도라지꽃이 되어 산밭에 살며 꽃을 피우고 열매를 맺고 뿌리가 굵어가고 있다. 산밭의 도라지꽃은 자신의 생각대로 존재의 영역인 산밭을 선택하지 못했을 것이다. 그러나 수필가 강흥구는 자신의 가치관과 주체적 선택으로 산밭을 삶의 영역으로 삼았다. 작가에게 산밭은 자연에서 찾아 이룬 존재의 정원이다. 스스로 산밭에 핀 도라지꽃이 된 것도 그의 주체성과 가치관에 의한 선택이다. 그러므로 그의 정원은 실존의 의미를 지닌다. 그는 오늘도 산밭에 살면서 꽃을 피우는 도라지로 살고 있다.

강홍구 수필가는 '수필은 쓰는 것이 아니라 이야기를 담는 것'이라 한다. 이 말은 아주 단순하지만 수필문학의 특성을 극명하게 표현한 말이다. 흔히 수필은 고백의 문학이라고 말한다. 체험을 솔직하게 아니 진솔하게 고백한다는 말이다. 강홍구 수필가가 담은 이야기는 곧 고백의 말이다. 그런데 그냥 고백하면 개인적인 정서의 토로로 끝나버릴 수가 있다. 문학이 아니라 그냥 이야기가 되어버릴 수 있다는 의미이다. 자아를 객관화하여 고백해야 한다. 이른바 자아 성찰이라고 한다. 자기를 객관화하여 돌아보고 거기에 체험을 담아야 한다. 체험에 담긴 철학이 보편적인 가치를 지닐 때 진정한 고백이 된다. 그의 말대로 '살아온 이야기, 살고 있는 이야기, 앞으로 살아갈 모든 대상들과 나누고자 하는 이야기'를 남김도 감춤도 도색도 없이 고백하면 수필이 되는 것이다. 그래서 수필을 철학적이라고 말하는지도 모른다.

수필에 담는 이야기는 대개 서사가 뼈대가 되고 서정이 살이 된다. 강홍구 수필가의 말대로 과거, 현재, 미래의 고백이 서사로서 뼈대가 된다면 살이라 할 수 있는 표현, 나아가 형상화는 어찌 해야 할까. 누구는 수필은 '철학과 문학 사이에 있다'고 말했다. 이 말을 철학적인 내용을 문학적으로 형상화해야 한다는 말로 풀어서 이해한다. 수필은 체험의 진실성이 있어야 가치 있고 고백의 진정성이 있어야 울림을 준다. 그렇다고 철학성을 지나치게 강조하면 교술에 머물고 만다. 강흥구 수필가는 전할 이야기를 '도라지꽃망울을 터트리는 마음'으로 표현하는데 주로 상관물을 통하여 주제를 담아 표현한 것으로 보인다.

수필집 《산밭에 핀 도라지꽃》은 주옥같은 작품 58편을 수록했다. 작품은 다시 주제별로 귀농 귀촌, 인생을 담은 책, 사라져 가는 별, 액자 속의 풍경화, 해를 등진 해바라기, 떨켜 등 6개의 장으로 나누었다. 각 장별로 주제는 귀농의 행복, 인생의 의미, 가족사랑, 세계 속의 자아, 자연의 섭리와 자아, 삶과 죽음의 의미를 담은 것으로 이해할 수 있다. 이것을 크게 보면 자연에서 살아가는 모습을 담으면서 자연과 생태계를 소중하게 여겨서 개발과 핍박의 대상이 아니라 함께 소통하며 살아야 할 대상으로 인식하고 있다. 아울러 자연과 함께 약자라고 생각되는 여성에 대해서 수평적인 사고를 가지고 있음을 발견할 수 있다. 이것은 작가가 의도하지는 않았지만 생태여성주의(에코페미니즘 ecofeminism) 사고를 기초로 하고 있는 것으로 파악할 수 있다.

강흥구 수필에 드러난 이러한 사상과 가치관은 인간의 일은 자연의 일을, 자연의 일은 인간의 일을 상관물로 삼아 빗대어 표현하였기에 잔잔한 울림을 주었다. 한국 전통수필은 체험한 사건에 관련지어 삶의 의미를 발견하고 삶의 문제를 찾아 제기하고 해결의 방법을 시사해 주는 치유의 문학이었다. 그래서 전통수필의 형상화 기법을 적용하여 문학적 효과를 이루어낸 방법에 대해서 살펴보는 것도 의미 있을 것이다.

2. 생태여성주의 사고

생태여성주의 또는 에코페미니즘을 신봉하는 사람들은 자연과 여성을 약자로 보고 있다. 자연은 인간에 의해서 핍박의 대상이 되고, 여성은 독선적인 남성에 의해 구속과 지배의 대상이 된다고 보고 있다. 이와 같이 생태여성주의는 생태주의와 여성주의를 동시에 지향하는 사상이다. 에코페미니즘(ecofeminism)은 생태학(ecology)과 여성주의(feminism)의 합성어이다. 에코페미니즘이란 용어를 처음 사용한 사람은 1974년 프랑스의 작가 프랑수아즈 드본느(Francoise d'Eauabonne)라고 한다. 하지만 그보다 앞서 1855년경 아메리카 원주민인 스쿼미시(Suquamish) 부족의 시애틀 추장이 미국 피어스 대통령에게 보낸 편지에 이미 자연과 인간이 형제이고 인간은 자연의 일부 즉 생태계의 일부라는 사상을 담고 있었다. 이것으로 동서양을 막론하고 생태주의 사고는 프랑스아즈 드본느가 말하기 이전에 이미 사람들 마음속에 있었음을 알 수 있다. 사실

동양사상에서는 이미 자연과 인간의 관계를 수평적으로 이해하고 있었지만 서구의 개발론자들은 자연을 개발 이용후생의 대상으로 여겨 온 것이 사실이다. 여성에 대한 남성들의 태도도 이와 비슷한 것으로 파악된다. 강홍구 수필가의 《산밭에 핀 도라지꽃》을 읽노라면 시애틀이 피어슨 대통령에게 보낸 편지의 이런 말이 생각난다.

'우리는 우리의 핏줄 속을 흐르는 피처럼 나무속을 흐르는 수액을 잘 압니다. 우리는 이 땅의 한 부분이며 땅 또한 우리의 일부입니다. 향기 나는 꽃은 우리의 자매입니다. 곰과 사슴과 큰 독수리는 우리의 형제입니다. 바위, 수풀의 이슬, 조랑말의 체온, 사람 이 모든 것이 한 가족입니다.'

—시애틀의 편지 일부

나무속을 흐르는 수액을 우리의 핏줄을 흐르는 피와 하나로 보았다. 나무와 사람은 한 형제이고 자매라는 생각이다. 인간은 생태계를 이루는 일부일 뿐 다른 것이 아니다. 자연을 개발의 대상으로 보는 인간들은 스스로 문화인이라고 당연시한다. 그러나 이것은 인간의 착각일 뿐이다. 자연은 지배하고 개발하고 마음대로 이용하고 핍박해도 되는 대상이 아니라 지구라는 한 부모에게서 태어난 자매처럼 생태계에서 동등하게 생존할

권리를 가진 존재이다. 이러한 사고를 《산밭에 핀 도라지꽃》에서도 얼마든지 발견할 수 있다. 도라지꽃을 피운 산밭은 도라지만의 삶의 공간이 아니라 작가의 삶의 공간이다. 도라지꽃이 곧 작가이고 작가가 곧 도라지꽃이다.

아침 이슬로 배부르게 먹고 후식으로 달콤한 새소리를 마신다. 고구마의 하루가 시작된다.

—〈고구마〉

땅은 어머니이다. 씨앗을 받아들여 생명을 싹틔우고 탄생하게 한다. 각종 영양소를 부족함 없이 공급하여 튼튼하게 자라게 한다. 꽃 피우고 열매를 맺어 성취감을 맛보게 한다. 길고 긴 세월이 흐르면 땅은 다시 거두어 간다. 모두 땅속에 묻혀 흙으로 돌아간다. 땅은 자연이고 자연은 어머니이다.

—〈땅〉

해바라기는 해와 소통하며 살기를 빌고 있을 것이다. 노란 꽃을 닮은 달과 소통하기를 바라지는 않을 것이다. 빨간색의 해와 놀아야 노란색이 돋보이게 되기 때문이다. 해바라기는 해를 바라보아야 씨가 영근다. 많은 사람들이 선뜻 다가서지 못하는 나에게 먼저 눈길을 주어 다가설 수 있도록 했듯이, 자연도 등 돌리고 외면하는 해바라기에게 알게 모르게 빛을 주어 씨를 영글게 해주었다. 해바라기는 하늘의 해만 바라보다 자신의 근본인 땅을 보지 못했다. 이제 해바라기의 반전이 시작된다. 해가 아닌 땅을 바라본다. 나를 있게 한 근원, 나의 뿌리가 땅에 있음을 알게 되었다. 지금까지 자신의 잘못된 인식의 고정관념으로부터 벗어나 새로운 모습으로의 변화를 시도하였다.

—〈해를 등진 해바라기〉

'아침 이슬을 배부르게 먹고 후식으로 새소리를 마신다.'는 생각은 그냥 지나가는 말이 아니다. 우리의 핏줄에 피가 흐르듯 나무속에 수액이 흐른다는 인디안 추장 시애틀의 생각과 다를 바 없다. 사람이나 고구마를 같은 생명으로 보아야 한다는 생각을 하기 전에 이미 하나로 보고 있는 것이다. 작품 〈땅〉에서는 생태여성주의를 넘어서 생태모성주의 가치관을 엿볼 수 있다. 분명 땅은 어머니이다. 이 땅에 발을 붙이고 사는 사람 중에 이 말에 대해 반론을 제기할 사람은 없을 것이다. 땅이 어머니이므로 우리는 땅의 자식이고 한 어머니의 자매이다. 〈해를 등진 해바라기〉에서 자연 생태계의 원리를 말하였다. 해바라기와 해의 관계를 말하고 있지만 결국은 인간세계의 상생과 생존의 원리를 비쳤다고 할 수 있다.

여성주의자들은 기득권자인 남성들이 여성을 타자로 생각하여 박해하고 착취한다고 생각한다. 남성이 여성을 착취하는 것은 인간이 자연을 착취하는 것과 같은 맥락이라 생각한다. 상관관계가 있다는 말이다. 《산밭에 핀 도라지꽃》에는 가족에 관한 화소도 많다. 작가는 가족관계에서 여성 가족을 대하는 모습은 어떤지 살펴보는 일도 재미있는 일이다.

까치들의 설날이다. 꼬치전 구울 재료를 꼬치에 꿰고 계란을 풀고 전 부칠 재료 준비를 마친 후 아내와 둘이 앉아 부치기 시작했다. 기름을 두르고 계란 옷을 입혀 육전, 깻잎전, 버섯전, 동태포전, 꼬치전, 배추 파전을 차례로 부쳤다. 아내와 함께하니 즐거웠다. 타지 않게 정성을 기울여 노릇노릇 보기도 좋게 맛있게 부쳤다. 부쳐놓은 전이 소쿠리에 가득하다. 예쁘게 잘 정리되어 먹기조차 아까울 정도로 아름답게 예술적으로 전 부치기를 마무리했다.

—〈전도사〉

설날 차례를 준비하는 모습이다. 대부분은 명절 후유증을 앓는다고 한다. 심지어 그 후유증이 심해서 이혼의 지경이나 대소가가 반목하고 사는 사태까지 벌어진다고 하니 한심한 노릇이다. 강홍구 수필가는 결미에서 '서로가 만나 즐겁게 즐기라고 만들어진 명절에 가정불화를 불러오는 일이 발생하지 않아야 하는데 어처구니없는 일'이라고 탄식한다. 이것은 바로 전통적으로 남성이 차지하고 있는 가부장의 독선 때문이라고 작가는 파악하고 있다. 작품 〈전도사〉는 차례를 준비하는 주체가 주부인지 주인인지 구별이 안 갈 정도로 주체적으로 일을 하고 있는 모습이다. 그리고 제수들로부터 전을 잘 부치는 도사라는 의미로 '전도사'라는 해학적인 별명이 붙여져 행복해 한다. 이 작품에서 대가족의 여성 일원인 제수들에게 존경 받는다. '제수씨가 놀리듯 전도사라 부르고' '설날 아침 온 우리집은 큰 웃음소리로 시작'된다. 그리고 제수들로부터 '우리 집안은 전도사님이 잘해주셔서 스트레스 해소하고 간다.'며 칭찬을 듣는다. 때로 여권 운동가들은 아직도 여권이 남성과 동등하지 못하다고 더 이상의 수평적 관계를 요구한다. 이른바 법적 평등을 요구하는 것이다. 그러나 법적 평등이 중요한 것이 아니라 이 집안처럼 가족들 모두가 심정적으로 수평적인 사고를 갖는 것이 먼저이다. 그런 의미를 구현하는 작품이 《산밭에 핀 도라지꽃》 전반에 감추어져 있다.

3. 자연의 섭리와 삶의 원리

자연은 두 가지 의미를 지닌다. 인간의 손이 닿지 않은 것을 의미하는 좁은 의미의 자연과 인간을 포함하는 생태계 전반을 일컫는 넓은 의미의 자연이다. 《산밭에 핀 도라지꽃》에 제시된 강홍구 수필가의 자연관은 자신을 포한함 모든 인간을 포괄적으로 수용한 넓은 의미의 자연이다. 좁은 의미의 자연은 인간이 거스를 수 있지만 넓은 의미의 자연은 거스를 수 없다. 이와 같이 자연의 법칙에 따라야 하는 것을 곧 섭리라 한다. 섭리는 자연의 순환적 질서, 우주의 운행 법칙, 하늘과 땅의 기운, 인생의 원리를 모두 포괄한다. 강홍구 수필가는 자연과 우주의 원리에 감응하는 생로병사, 자연의 역사 같은 심오한 원리를 《산밭에 핀 도라지꽃》에 담아내었다.

> 어둠의 막이 걷히면 밝은 아침이 찾아온다. 뜨거워지기 전에 밭에 나가 일을 시작한다. 퇴비를 뿌리고 관리기로 로터리 치고 이랑을 설치한다. 이랑 위에 비닐을 피복하고 씨앗을 파종한다. 빗물과 햇빛의 조화로움을 받고 각종 곡식과 채소들이 밭을 가득 채운다. 만선이다.
>
> 암막이 쳐진다. 천지사방이 깜깜하다. 나만의 글밭으로 들어가 노트를 펼쳐들고 그 위에 볼펜으로 이것저것 심고 가꾼다. 어둠이 깊어질수록 글밭은 예쁜 글들로 가득찬다.
>
> ―〈농부의 사계〉

시계는 3시에 멈춰져 있다. 어둠까지 가기엔 아직 많은 시간이 남았다. 한참 낮잠을 즐기고 다시 일터로 나갈 시간이다. 또다시 열심히 땀 흘리며 남은 시간을 즐기며 노력해야 하겠다. 바쁘게 돌아가는 시곗바늘을 따라 돌지 말고 차분한 마음으로 돌면 도는 대로 내버려두고 나만의 길을 찾아가야 하겠다.

건전지를 갈아 넣어주니 시계가 힘차게 돌아간다. 멈추었던 시계는 나에게 나의 인생의 시간이 3시쯤 되었으니 더욱 열심히 살아가라는 경각심을 불어넣어 주려고 멈추었던 것 같다. 뜨겁고 열정적이었던 시간이 지난 3시. 서산으로 기울기까지는 아직 많은 시간이 남았다. 가장 아름답게, 가장 멋지게 남은 시간을 보내기를 다짐해 본다.

—〈멈춰진 시계〉

내가 잠든 사이 나는 나를 빠져나와 이곳저곳으로 나다닌다. 여행도 다니고 오랜 친구도 만난다. 먼저 떠나가신 조상님들도 가끔 만나 가족의 끈이었음을 확인한다. 정처 없이 날아다니며 세상 간섭을 다하고 다니기도 한다. 때로는 무서움에 떨기도 하고 슬픔에 젖어 흐느끼기도 한다. 육체와 떨어져 있기에 홀가분하게 어디든 마음껏 다니며 하고 싶은 것들을 다 하고 다닌다. 그러다 밤새 바닷속에 잠겨있던 태양이 바닷물을 탈탈 털어내며 솟구쳐 오를 무렵이면 나는 다시 내 안으로 돌아와 아무 일 없었다는 듯 시치미 뚝 떼고 일어난다.

—〈내 안에 존재하는 나〉

천태산의 정기를 머금은 영국사. 영국사를 지켜주는 은행나무. 불자들의 이야기가 기록되어있듯 나의 이야기도 기록되어 뿌리까지 보관되어 있을 것이다. 불국사 석가탑에서 나온 다라니경처럼 차곡차곡 길게 뻗은 뿌리만큼 저장되어 있을 것이다. 힘들고 어려울 때 힘이 되어주려고 하나하나 간직하고 있을 것이다. 마음이 가벼워진다. 근심 걱정이 사라진다. 무언으로 일러주는 깨우침 가슴속에 새겨 담고 영국사를 내려선다.

—〈은행잎에 기록된 사연〉

실존주의 철학자 하이데거(Martin Heidegger)는 인간은 비본래적 존재에서 본래적 존재로 나아가는 것이라고 설명했다. 비본래적 존재란 생로병사의 순환원리를 망각하고 살아가는 존재를 의미한다. 단적으로 말해 언젠가 자신은 죽을 것이라는 자연의 섭리를 망각하고 악착같이 재물을 모으고, 명예를 탐하며, 사회적 지위를 추구하는 등 세속적 쾌락과 욕망에 사로잡혀 살아가는 사람들을 말한다. 이에 반해 본래적 존재란 삶의 유한성을 깨닫고 세계의 역사와 자신의 삶의 과정을 통찰하고 진리를 찾고 참된 가치를 추구하며 삶의 의미를 찾아 목표와 방향성을 잃지 않고 살아가는 인간을 의미한다.

〈농부의 사계〉에서 농부로서의 삶과 작가로서의 삶을 빗대어 자신의 삶의 의미와 방향을 돌아보는 모습이 드러나 있다. 〈멈춰진 시계〉에는 자연의 시간과 인간의 시간을 견주어 자아를 성찰하고 반성하면서 삶의 과정을 통찰하여 내일을 설계하는 모습이 숨어 있다. 탐욕도 쾌락의 추구도 없다. 그대로 섭리에 순응하며 삶의 가치를 추구하는 모습이다. 〈내 안에 존재하는 나〉는 우리 민족의 죽음에 대한 의식이 은근히 숨어있음을 발견할 수 있다. 곧 '죽음이란 영과 육의 분리'라는 의식이다. 생시에는 영과 육이 하나이지만 잠잘 때 때로 '내 안에 존재하는 나'는 나를 떠난다. 이른 바 '꿈'이라고 한다. 꿈에 나를 떠난 다른 '나'는 자유롭게 과거나 현재나 미래의 삶의 끈이었던 사람들을 만난다. 그러나 '언젠가 나를 버리고 떠나는 날' 나의 인생은 끝날 것이라고 담담하게 토로한다. 이렇게 삶은 결국 죽음으로 가는 과정이라는 의식을 뚜렷하게 지니고 달관한 삶을 살면서 가장 가치 있는 살림과 살이를 추구하고 있다. 사르트르가 말하는 삶과 죽음 사이의 '가치 있는 선택'이며 하이데거가 말하는 본래적 자아로 나아가는 모습이다. 〈은행잎에 기록된 사연〉에서 영국사 은행나무가 영국사 역사를 기록하였듯이 작가를 비롯한 은행나무 곁을 지나는 모든 사람들의 사연도 이해하고 고통을 지켜주며 그의 삶을 기록할 것이라고 믿는다.

생로병사의 일을 철학적 숙고에서 느끼기보다는 삶의 일거수일투족에서 그 의미와 가치를 깨닫고 수긍하는 모습이다. 수필은 일상의 사사些事를 소재로 한다지만 그 하찮은 일 구석구석에 숨어있는 가치를 찾고 의미를 깨닫는 일은 쉽지 않은 일이다. 그럼에도 강홍구 수필가의 달관한 삶이 드러난 글에서 확장되는 수필문학의 영역을 확인할 수 있다.

4. 자연 사랑으로 싹틔우는 인간애

김형석 교수는 인류 사회에 수많은 사상이 나타났다 사라지곤 했지만 영원히 사라지거나 변하지 않을 사상은 휴머니즘(humanism)이라고 말했다. 인간을 중시하고 인간에 대한 사랑의 중요성을 말하는 것이라 믿고 싶다. 일본에서는 휴머니즘을 인본주의라고 번역한다고 하는데 이러면 이것은 오직 인간만이 가장 소중하다는 의미로 오해 받을 수 있다. 인간이 소중한 것은 자연 속에 있기 때문에 소중하고 자연과 함께할 때 그 사랑이 진실해진다는 것이 개인적인 생각이다. 자연이 속박 당하거나 차별받지 않아야 하는 것처럼 인간도 인종이나 지식 빈부에 따라 차별받지 않아야 한다. 강홍구 수필가의 작품에 담긴 사상은 인간만을 중심으로 하는 것이 아니라 자연 사랑으로부터 깨닫고 배워 싹틔우는 인간사랑이다. 그러한 사랑은 가족사랑으로부터 시작된다.

어루만지고 보살펴주다 보면 어느새 익어가는 냄새가 바람타고 풍겨온다. 그동안 길러주느라 고생했으니 수확의 즐거움을 맛보라고 탱글탱글 알차게 영근다. 익어가는 모습은 색깔로 가늠할 수 있었다. 옥수수는 수염을 검게 나타내고 참깨는 누렇게 입을 벌려 나타낸다. 땅콩은 잎에 주근깨를 그려내면 익은 것이고 고구마는 두둑을 볼록하게 밀어 올리면 캐라는 신호다. 고추는 파란 고추가 새색시 볼처럼 빨갛게 붉어지면 익었다는 신호다. 그런 식으로 저마다의 방을 비워줄 준비가 되었음을 알려준다.

—〈빈방〉

피아노가 있던 방이 왠지 휑하다. 딸이 출가했을 때처럼 서운함이 느껴진다. 방바닥엔 피아노 바퀴자국만 남아있다. 추수를 마친 가을 들판이다. 낟알만 떨어져 외로이 지키고 있다. 왠지 서글픈 마음이다. 이제 곧 봄이 오면 이곳엔 또다시 파란 새싹이 돋아날 것이다. 희망의 새싹들이 허전한 들판을 가득 메울 것이다. 피아노가 있던 자리에 책상과 의자를 배치하고 앉아서 차 한 잔을 마신다. 어디선가 딸아이가 아닌 손녀딸이 들려주는 피아노 연주가 들려오는 듯하다.

—〈피아노〉

당숙모께서는 어려운 일은 남의 손을 빌어서 해결해야 하기에 항상 외롭다고 하신다. 우리가 둘이 와서 함께하는 모습을 보면 부럽다고 하셨다. 나는 항상 혼자라 외로운데 부럽고 샘도 난다고 하셨다. 우리는 모르고 있었다. 그냥 순간순간이 힘들고 고달프다고만 느끼며 일해 왔었다. 그런데 우리의 모습을 보며 외로움을 타고 부러워하는 사람도 있다는 사실을 알고 우린 행복하고 복에 겨운 투정을 부리고 있었다는 사실을 알게 되었다. 아내와 함께라는 것이 얼마나 행복하고 즐거운 것인가를 느끼며 그곳에서 행복을 찾으며 살아가야 하겠다고 다짐했다.

―〈외로움〉

〈빈방〉은 자녀들이 성장하여 사회로 진출한 다음 자녀들의 빈방에서 상념에 젖는 글이다. 자녀들이 비운 빈방은 농작물을 다 거두어들인 다음의 빈 밭으로 환치하여 자녀 사랑의 정을 표현하였다. 사랑은 결국 자녀에 대한 사랑으로부터 시작하게 마련이다. 〈피아노〉도 마찬가지이다. 딸이 둥지를 떠나고 빈방에 피아노만 남았었는데 피아노마저 내보내고 빈방에 서서 딸을 그리워하는 모습이다. 역시 딸도 피아노도 없는 빈방을 곡식을 다 거두어들이고 난 뒤의 텅 빈 가을 들판에 빗대어 표현하였다. 역시 자녀에 대한 사랑의 표현이다. 〈외로움〉은 홀몸이 된 고향 친척의 외로움을 보면서 자신의 행복을 다행스럽게 생각하는 내용이다. 여기도 일가친척에 대한 측은지심이 드러나 있다. 자연에 대한 사랑은 자녀 사랑으로 자녀 사랑은 이웃에 대한 사랑으로 확산되는 모습이다. 이와 같이 자연 사랑으로부터 싹트는 인간애를 작품에 담았다.

5. 상관물에서 삶의 의미를 찾아내는 수필적 상상의 전략

상관성이란 두 가지 사물이나 사건 사이에 서로 관계되는 본질이나 성격을 의미하는 말이다. 수필에서 작가가 자신의 감정이나 사상을 직접 표현하면 주관적 정서의 일방적 토로가 되기 쉽다. 수필은 대상에 대한 주관적이고 독창적인 인식을 중시하지만 그것이 보편화되지 않으면 독자에게 울림을 주기 어렵다. 개인적 정서를 객관화하는 창작의 기법으로 사물과 정서의 상관성을 활용하는 것이 효과적이다. 이것을 흔히 객관적 상관물이라 말하는데 시에서 주로 감정을 대신 표현하는 객관적 상관물과는 의미가 약간 다르다. 수필 쓰기는 상관물에서 철학적 의미의 상관성을 활용하여 자신의 사상을 빗대어 드러내는 것이 효과적이다.

상관성을 찾아 삶의 의미를 표현하는 방식은 우리 전통수필에서 흔히 볼 수 있다. 예를 들면 이규보의 〈이옥설理屋說〉은 집을 수리하는 일을 상관물로 삶의 과정에서 자신의 행동을 바로잡거나 정치 현실에서 잘못된 것을 고치는 원리와 필요성을 드러내고 있다. 그의 또 다른 작품 〈슬견설虱犬設〉은 이와 개는 크기는 달라도 생명의 소중함은 마찬가지라는 상관성을, 이곡의 〈차마설借馬設〉은 말을 빌려 타는 일의 상관성에서 소유의 허망함을 표현하였다. 연암 박지원의 수필이나 윤오영의 수필도 작품성의 여부에 관계없이 상관물에 빗대어 사상과 감정을 표현해내는 방법은 유사하다고 할 수 있다.

《산밭에 핀 도라지꽃》에서도 이러한 전통의 맥을 발견할 수 있어 강흥구 수필가가 우리 선대의 수필가들이 개발하고 즐겨 써온 전통수필의 구성법을 따르고 있다고 생각되었다. 몇 가지 사례를 들어 이해를 돕고자 한다. 그의 등단 작품이기도 한 〈떨켜〉를 예로 들어 본다.

> 나뭇잎은 가을이 되면 떨켜가 형성되어 낙엽이 되어 여기저기로 날아가 흩어진다. 몸체인 나무로부터 떨어져 나간다. 나뭇잎으로서의 생을 마감하고 낙엽 되어 쓸쓸이 떨어져나가 연기처럼 사라져 버린다. 모두에게서 잊혀져간다. 그러나 떨켜가 형성되지 못한 나뭇잎은 겨울에도 떨어지지 못하고 매달려 있다. 안쓰럽다. 우리 인생도 같은 이치인 것 같다. 세상에 태어나 희로애락을 맛보며 살아오다 어느날 모두의 곁을 떠나고 만다. 떨켜가 형성되어 세상에서 떨어져나가 낙엽 되어 날아가 버리는 것이다. 나는 아버지의 떨켜를 두려워하고 있는지도 모른다. 언제까지 한 그루의 나

무로 버티고 있기를 원했는지 모른다.

이 작품에서 나뭇잎에 떨켜가 형성되어 나무로부터 떨어져 흩어지는 모습에 빗대어 인생에 생로병사 이치를 말하였다. '사람은 살다가 어차피 죽는다.'라고 하면 문학이 아니다. 그러나 '나뭇잎에 떨켜가 형성되어 떨어져 바람에 흩날리듯 우리네 인생도 언젠가는 떨어져 흩날릴 것이다.'라고 말하면 울림을 주기에 충분하다. 이 작품 이외에도 〈인생을 담은 책〉, 〈인생 운전사〉, 〈무대〉, 〈액자 속의 풍경화〉, 〈자연 약국〉, 〈춘화〉 등 일일이 다 들 수 없을 정도로 많은 작품에서 이러한 기법을 활용하였다.

사실과 체험의 해석이라고 할 수 있는 수필은 허구적 서사를 중심으로 하는 다른 문학양식과 구성법이 다르다. 그래서 수필에서도 허구를 차용하여 영역을 확대해야 한다는 주장을 종종 볼 수 있다. 그런데 이것은 수필적 상상이라는 수필만의 특성을 간과한 데서 오는 짧은 생각이다. 대체로 수필 창작은 보편적인 인식을 토대로 한 차원 높은 세계로 깊은 삶의 철학을 내포시키는 형태로 형상화하기 마련이다. 형상화 과정에서 수필가의 상상력이 작동하게 된다. 이 때의 상상력은 허구적 서사를 배제해야 한다는 제한이 있기에 수필적 상상이라고 이름 지을 수 있다. 위에서 말한 상관성의 활용도 이러한 발상의 하나라고 생각된다.

수필적 상상은 문학적 상상력 원리를 제기한 프랑스 철학자 가스통 바슐라르(Gaston Bachelard, 1884~1962)의 상상력 이론을 토대로 최근에 정리되었다. 안성수 교수는 상상력의 체계를 수필 쓰기에 적용하여 물질적 상상력, 역동적 상상력, 원형적 상상력의 단계로 생성 발전한다고 했다. 물질적 상상력은 만물에 뿌리를 내리고 있는 물질의 기본적인 이미지, 역동적 상상력은 자주성을 지닌 존재생성의 동력으로, 원형적 상상력은 삶의 궁극적인 세계로 시공을 초월하여 기본적이고 본편적인 원초적 이미지를 찾아가는 상상력을 의미한다고 설명한다.

《산밭에 핀 도라지꽃》을 읽는 독자들은 자신도 모르는 사이에 고개를 끄덕이게 되는데 이것은 작품 속에서 수필적 상상력의 단계와 체계에 맞게 상상력의 발동이 적용되었기 때문이다. 다음 작품에서 찾아본다.

아끼고 사랑하던 가족을 떠나 우주로 돌아간 그는 지구에서 있었던 어떤 기억조차도 남김없이 버리고 다음을 준비한다. 그가 떠난 자리엔 남겨진 자들의 슬픔만이 자리하고 있다. 침통해하며 조문객을 맞이한다. 애잔하다. 떠난 사람을 잊지 못하고 그리워하며 몸부림친다. 다시는 만나볼 수 없기에 슬퍼한다. 그가 있던 원래의 자리로 돌아간 것뿐인데 우리는 슬퍼한다. 슬픔은 남은 자들의 몫인가 보다.

얼마의 시간이 흐르고 떠난 사람을 마음속에 접어두고 바쁜 일상에 시달린다. 그러다 비가 주룩주룩 내리는 날이면 창을 타고 흐르는 빗물을 바라보며 그리워한다. 흘러간 빗물도 돌아오게 마련이다. 강물이 되고 바다로 흘러들어 다시 하늘에 올라가 빗물이 된다. 그것이 우주의 순환원리이다.

—〈순환〉

인생의 순환을 원형적 상상으로 그려낸 부분이다. 물론 이 작품의 서두에서부터 읽으면 상상력의 발동 단계가 위에서 설명한 대로 물질적 상상, 역동적 상상의 단계를 거쳐 원형적 상상에 이르는 과정을 발견할 수 있다. 예시된 부분에서는 인생의 순환과 빗물의 순환이 두 축으로 나란히 순환되는 모습까지 담고 있어서 수필만이 이룰 수 있는 수필적 상상의 전형을 보여준다. 이처럼 상관물에 빗대어 작가의 정서와 사상이 표현되는 과정에서도 수필적 상상이 단계적으로 적용되는 전략적 구성을 엿볼 수 있다.

6. 휘갑치기

강홍구 수필가는 퇴직 후에 고향으로 귀농하여 농사를 지으면서 수필을 쓰는 농부 수필가이다. 그는 농한기에는 도시에서 문학 활동을 하고, 농번기에는 산밭이 있는 언덕 위에 하얀집을 짓고 산밭에 산다. 농사를 지어 이윤을 남기기보다 농사를 사랑하고 자연을 사랑하며 고향을 사랑하는 새로운 삶의 영역을 찾아간 것이다. 농사는 나눔의 사업이고 생명의 에너지원을 생산해내는 일차적 생산 활동이다. 도라지꽃이 피어나는 산밭은 바로 그의 삶의 공간이고 그가 주체적으로 선택한 실존적 존재의 정원이다. 산밭에서 도라지꽃이 다른 들풀이나 들꽃과 어울려 피어나듯이 그는 자연 속에서 또는 고향 마을에서 어울려 피어난다. 그는 아내를 사랑하고 자녀를 사랑하며 이웃과 문우를 사랑한다. 그것은 도라지꽃이 도라지꽃만 사랑하는 것이 아니라 마타리꽃도 패랭이꽃도 개망초꽃도 사랑하며 같이 피어나는 것과 같다. 도라지꽃에게 흐드러진 개망초꽃이 형제이듯이 그에게는 모든 사람이 형제이고 모든 자연이 형제이다. 모두가 사랑의 대상이란 말이다.

강흥구 수필가의 생태주의 사고와 여성 존중의 사상이 작품 속에 온전히 배어 있다. 그것은 꾸밈이 아니고 진솔하고 솔직하게 객관화된 고백이다. 수필이 고백의 문학이라면 그의 고백은 개인적인 고백이 아니라 보편화된 정서를 담은 원형적 고백이다. 그의 작품이 잔잔한 울림을 주는 것은 그냥 붓을 따라 쓴 수필이 아니라 형상의 방법을 알고, 수필적 상상을 바탕으로 한 전략적 구성의 결과이기 때문이다.

등단 전에도 작품집을 냈지만 등단 이후 첫 수필집인 《산밭에 핀 도라지꽃》이 그의 과거 현재 미래의 삶을 꾸밈도 감춤도 없이 고백하였으므로 많은 독자들에게 잔잔한 울림을 불러올 것이라 믿는다. 애시당초 부귀를 탐하거나 영화를 추구하지도 않았으므로 문학을 통하여 영달을 꿈꾸지도 않을 것으로 믿는다. 그러므로 존재의 정원인 산밭에는 더 많은 도라지꽃이 풀꽃과 더불어 피어나며 새와 벌나비가 날아들어 춤추고 노래 부르는 낙원을 이룰 것이다. 언덕 위의 하얀 집에서 지어내는 글발이 깊은 의미를 지닐 뿐만 아니라 독자의 고통과 아픔을 해결하는 치유의 문학이 되길 바라는 마음 간절하다.

떨켜

강흥구 수필집
산밭에 핀 도라지꽃

인쇄 2020년 08월 06일
발행 2020년 08월 12일

지은이 강흥구
발행인 서정환
펴낸곳 수필과비평사
주소 서울시 종로구 삼일대로 32길 36(익선동 30－6 운현신화타워) 305호
전화 (02) 3675－3885, (063) 275－4000 · 0484
팩스 (063) 274－3131
이메일 sina321@hanmail.net essay321@hanmail.net
출판등록 제300－2013－133호
인쇄 · 제본 신아출판사

ISBN 979-11-5933-281-4 03810

값 13,000원

이 도서의 국립중앙도서관 출판예정도서목록(CIP)은 서지정보유통지원시스템 홈페이지(http://seoji.nl.go.kr)와 국가자료공동목록시스템(http://www.nl.go.kr/kolisnet)에서 이용하실 수 있습니다.(CIP제어번호: CIP2020033116)

Printed in KOREA

* 이 책은 2020년 충청북도 충북문화재단 Chungbuk Cultural Foundation 의 문예진흥기금을 지원받아 발간했습니다.